OS **5Ps** DA
ESTRATÉGIA:
UMA NOVA ABORDAGEM

SÉRIE TUDO SOBRE ADMINISTRAÇÃO

DIALÓGICA

O selo DIALÓGICA da Editora InterSaberes faz referência às publicações que privilegiam uma linguagem na qual o autor dialoga com o leitor por meio de recursos textuais e visuais, o que torna o conteúdo muito mais dinâmico. São livros que criam um ambiente de interação com o leitor – seu universo cultural, social e de elaboração de conhecimentos –, possibilitando um real processo de interlocução para que a comunicação se efetive.

OS **5Ps** DA ESTRATÉGIA:
UMA NOVA ABORDAGEM

Eduardo Damião da Silva

Rua Clara Vendramin, 58 . Mossunguê . CEP 81200-170 . Curitiba . PR . Brasil
Fone: (41) 2106-4170 . www.intersaberes.com . editora@editorantersaberes.com.br

Conselho editorial
Dr. Ivo José Both (presidente)
Drª Elena Godoy
Dr. Neri dos Santos
Dr. Ulf Gregor Baranow

Editora-chefe
Lindsay Azambuja

Supervisora editorial
Ariadne Nunes Wenger

Analista editorial
Ariel Martins

Preparação de originais
Rodapé Revisões

Edição de texto
Palavra do Editor
Gustavo Piratello de Castro

Capa e Projeto gráfico
Bruno Palma e Silva

Diagramação
Ensinar Digital

Equipe de *design*
Sílvio Gabriel Spannenberg
Mayra Yoshizawa

Iconografia
Regina Claudia Cruz Prestes

Dados Internacionais de Catalogação na Publicação (CIP)
(Câmara Brasileira do Livro, SP, Brasil)

Silva, Eduardo Damião da
   Os 5 Ps da estratégia: uma nova abordagem/Eduardo Damião da Silva. Curitiba: InterSaberes, 2019. (Série Tudo Sobre Administração)

   Bibliografia.
   ISBN 978-85-227-0154-4

   1. Administração de empresas 2. Planejamento estratégico I. Título. II. Série.

19-29736   CDD-658.802

Índices para catálogo sistemático:
1. Planejamento estratégico: Administração   658.802

Cibele Maria Dias – Bibliotecária – CRB-8/9427

1ª edição, 2019.
Foi feito o depósito legal.
Informamos que é de inteira responsabilidade do autor a emissão de conceitos. Nenhuma parte desta publicação poderá ser reproduzida por qualquer meio ou forma sem a prévia autorização da Editora InterSaberes.
A violação dos direitos autorais é crime estabelecido na Lei n. 9.610/1998 e punido pelo art. 184 do Código Penal.

SUMÁRIO

Prefácio, 7
Apresentação, 9
Como aproveitar ao máximo este livro, 15

1 ESTRATÉGIA COMO PERSPECTIVA, 19
   1.1 ferramentas de gestão na constituição da estratégia como perspectiva, 24
      1.1.1 Missão, 25
      1.1.2 Visão, 31
      1.1.3 Valores, 33
   1.2 O propósito, 35

2 ESTRATÉGIA COMO POSIÇÃO, 41
   2.1 O contexto global e a avaliação externa: interação entre fatores influenciados por variáveis do ambiente externo, 46
      2.1.1 Análise do ambiente internacional e globalização, 47
      2.1.2 análise do contexto nacional: competitividade, postulados de Porter e estrutura do ambiente, 52
      2.1.3 Ferramentas de avaliação do macroambiente, 57
   2.2 Análise da indústria (ou análise setorial), 67
      2.2.1 determinantes do lucro no setor: demanda e concorrência, 70
      2.2.2 Aplicação da análise setorial como estratégia de posição, 92
      2.2.3 Posicionamento (ou posição), 103
      2.2.4 vantagem competitiva, 105

3   ESTRATÉGIA COMO PLANO E ESTRATÉGIA COMO PRETEXTO, **129**

    3.1 Estratégia como plano, **131**

        3.1.1   Cadeia de valor como suporte ao posicionamento estratégico, **133**

        3.1.2   Recursos, capacidades e competências como suporte ao posicionamento estratégico, **139**

        3.1.3   Ferramentas de desdobramento do posicionamento estratégico em objetivos, metas e programas de ação, **166**

        3.1.4   Sistemas de controle e acompanhamento do processo de implementação do plano, **171**

    3.2 Estratégia como pretexto, **181**

4   ESTRATÉGIA COMO PADRÃO, **189**

    4.1 Mudança de posição e de perspectiva, **196**

5   A RELAÇÃO ENTRE OS Ps DA ESTRATÉGIA: CONSTRUÇÃO DE UMA VISÃO INTEGRADA, **205**

    5.1 Os 5 Ps: por uma nova análise estratégica que não se esgote, **211**

Para concluir..., **221**

Referências, **223**

PREFÁCIO

Nenhum tema tem sido tão estudado no mundo da administração quanto a estratégia. Mesmo sendo uma questão cujos estudos sistemáticos são relativamente recentes – não têm mais do que sessenta anos – a estratégia empresarial certamente é o conceito mais profícuo no meio dos negócios, seja no campo acadêmico, seja no campo da prática. Apesar disso, uma importante característica desse tema é o baixo consenso sobre o que é a estratégia e qual é a essência para o sucesso nas atividades ligadas a essa questão. Isso talvez se explique pelas muitas correntes e abordagens que se estabeleceram desde a origem desse campo de estudos, tentando determinar pontos críticos desse processo para prover os praticantes de ferramentas realmente efetivas.

É assim que, desde a década de 1960, nenhuma abordagem obteve sucesso em ser uma unanimidade, especialmente como fórmula de desenvolvimento de estratégias de sucesso. O resultado deste pluralismo é uma infinidade de ferramentas, modelos e entendimentos dos mais distintos, nos quais seus autores e adeptos buscam avidamente pela legitimidade perante o meio acadêmico e os praticantes, visto que, nesse meio, todos lutam para serem reconhecidos como aqueles que detêm a proposta definitiva para se obter êxito na tarefa complicada que é lidar com a estratégia.

Nesse sentido, um importante estudo publicado no início dos anos 1980 ressalta tal pluralidade sobre o campo da estratégia, oferecendo uma síntese poderosa. Longe de ser uma proposta definitiva e mesmo uma unanimidade, a força desse modelo consiste, justamente, em aceitar a diversidade inerente à natureza complexa da estratégia. De autoria do canadense Henry Mintzberg, *The 5 Ps of Strategy* ("Os 5 Ps da estratégia", em uma tradução literal) é, sem sombra de dúvidas, um texto seminal, no qual o autor brilhantemente questiona o entendimento unidimensional da estratégia como planejamento e apresenta outras quatro dimensões para ela – padrão, perspectiva, posicionamento e pretexto (truque). A grande força desse argumento é entender as cinco dimensões da estratégia como complementares, como diferentes facetas de um mesmo e complexo fenômeno.

É assim que vejo a obra do Professor Dr. Eduardo Damião, que trata de uma forma inovadora o tema da estratégia com base na importante proposta de Mintzberg. Na verdade, o Professor Damião vai muito além do que se costuma fazer quando se analisa a proposta dos 5 Ps, ou seja, relatar o caráter polissêmico do conceito de estratégia, uma vez que ele inova o estudo ao vincular a cada uma das cinco dimensões outros princípios e modelos clássicos do pensamento estratégico, de forma a prover o estudante/praticante de maneiras objetivas de aplicar a proposta de Mintzberg em seu fazer estratégico. É assim que o Professor Damião expande a síntese do autor canadense para uma outra perspectiva, colocando o modelo de cinco conceitos da estratégia ao lado de outros, como as ferramentas ligadas às diretrizes estratégicas – declaração de missão e de visão – e os modelos de análise de competitividade porteriana.

Quanto à sua experiência, o Professor Damião tem sido reconhecido como um importante investigador do campo da estratégia no Brasil, com atuação em um importante grupo internacional de pesquisadores que participa do centro de pesquisa de Michael Porter. Considerando-se ainda sua ampla experiência como gestor, é certo que sua obra não deixar de ser um texto escrito por quem conhece profundamente o mundo da pesquisa sobre estratégia empresarial e que teve a oportunidade de aplicar tal conhecimento em sua vivência prática. É a rara combinação da fundamentação acadêmica robusta com a visão da prática que torna esse texto tão importante e tão necessário nos dias atuais.

Fabio Vizeu
Diretor Administrativo-Financeiro
Associação Nacional de Pós-Graduação e Pesquisa em Administração (Anpad)
Gestão 2018-2020

APRESENTAÇÃO

Um dos maiores desafios de gerentes, consultores e analistas tem sido identificar e avaliar a estratégia das organizações. A execução de qualquer movimento numa empresa – realizar a avaliação de um negócio de maneira adequada, definir metas de aquisição, criar um novo empreendimento, entrar em um novo mercado, elaborar um plano, por exemplo – exige alto nível de compreensão da estratégia da empresa (a fim de que se executem interferências de maneira lúcida e consciente e se introduzam mudanças robustas, embasadas em boa fundamentação).

No entanto, apesar de a estratégia ser o grande desafio nas empresas, ainda existem muitas dúvidas sobre o que ela é exatamente. Muitos autores têm se dedicado, por meio de pesquisa teórica e prática, ao aprofundamento dos estudos nessa área da administração. Um dos autores basilares, de grande importância para área, foi Kenneth Andrews, que sintetizou o conceito amplo de *estratégia* da seguinte forma:

> A estratégia é o padrão de decisões de uma empresa que determina e revela seus objetivos, propósitos, produz as principais políticas e planos para alcançar esses objetivos e define a gama de negócios que a empresa deve seguir, o tipo de organização econômica e humana que é ou pretende ser e a natureza da contribuição econômica e não econômica que pretende fazer a seus acionistas, empregados, clientes e comunidades. (Andrews, 1971, p. 18)

Essa definição explicita a complexidade da atividade estratégica que uma empresa alberga. Ao mesmo tempo, fica claro que a essência da estratégia, na visão de Andrews, é o processo decisório, ou seja, para esse autor, a estratégia é um processo de escolhas, um conjunto de decisões que define o que a empresa é, aonde ela quer chegar e como chegará lá. Influenciados por Andrews, outros autores apresentaram interpretações sobre o tema, algumas das quais se transformaram em definições clássicas, como as de Michael Porter, Igor Ansoff e Alfred Chandler[1]. Uma vez que há várias definições clássicas de *estratégia*, revela-se não só toda a diversidade conceitual do assunto, mas também as múltiplas possibilidades que, por isso, são oferecidas.

O prof. Henry Mintzberg, por sua vez, também um dos mais renomados pesquisadores da área, ao capturar a característica da estratégia como o lugar da diversidade conceitual, identificou e estruturou, com colegas coautores, o conceito considerando cinco possibilidades pelas quais a estratégia pode ser percebida (e trabalhada) nas organizações (Mintzberg et al., 2007).

Mintzberg et al. (2007) sistematizaram esse entendimento no subcapítulo clássico intitulado "Cinco Ps para estratégia" (estratégia como **perspectiva**, estratégia como **posição**, estratégia como **plano**, estratégia como **pretexto** e estratégia como **padrão**).

A estruturação e a inter-relação entre esses 5 Ps representam a espinha dorsal deste livro, já que, com base em diversas pesquisas sobre o assunto, realizadas ao longo dos últimos 20 anos, foi possível constatar que os Ps da estratégia de Mintzberg não apenas são possibilidades de percebê-la numa empresa, mas também devem ser utilizados de maneira complementar, coerente, dando consistência ao processo estratégico das organizações. Por isso, vamos apresentar didaticamente o conceito e as implicações de cada um dos Ps para as organizações e, ao final, discutiremos as interações que, de uma forma prescritiva, entendemos que devem existir entre eles, construindo um modelo não só de análise do processo estratégico, mas também de intervenção na realidade organizacional.

Vale dizer que Mintzberg et al. (2007) apresentaram os 5 Ps sem a preocupação de estabelecer uma sequência

---

[1] Além de Andrews, portanto, entre os trabalhos fundamentais em estratégia estão os de Michael E. Porter (1980), H. Igor Ansoff (1965, 1979), e Alfred D. Chandler, (1962).

prescritiva de como cada umas das possibilidades se complementariam de forma lógica. A preocupação dos autores era descrever cada uma das possibilidades da estratégia, reforçando especificamente as conexões entre os Ps.

Nossa contribuição aqui, portanto, a fim de lançar um olhar diferente para alcançar a compreensão de como esses Ps devem ser construídos nas organizações, teve como base pesquisas desenvolvidas desde 1998. Os resultados dessas investigações nos levaram a propor que os Ps descritos por Mintzberg et al. (2007) devem ser analisados conforme uma ordem que os alinhe de tal forma que garantam a presença da estratégia por meio de uma visão prescritiva de como cada P deve ser construído e também numa ordem que aproveite a relação – muitas vezes de dependência e outras vezes de complementaridade – que existe entre cada um deles. Dessa forma, é possível assegurar a presença de uma estratégia candidata a conduzir a organização em direção ao futuro desejado, com sustentabilidade.

A sequência estabelecida por Mintzberg et al. (2007) orienta-se pela apresentação dos Ps da seguinte forma (sem pretensa "correlação"): estratégia como plano, estratégia como pretexto, estratégia como padrão, estratégia como posição e estratégia como perspectiva. Essa sequência não é determinada de forma articulada, isto é, não é acompanhada por alguma explicação que sugira uma lógica de inter-relacionamento. Ainda assim, Mintzberg et al. (2007) dedicaram alguns parágrafos no livro referenciado para sugerir supostas inter-relações entre os Ps, as quais, no entanto, para muitos, mais confundem do que esclarecem as diversas possibilidades de interações que podem ser encontradas entre cada um deles numa organização.

Com base nesse contexto, nossa proposta nos capítulos doravante apresentados é expor de forma didática uma condução dos 5 Ps da estratégia que estabeleça uma sequência que construa uma visão prescritiva mas lógica da inter-relação que todos eles devem estabelecer numa organização. Essa sequência pode ser empregada não só para orientar a formulação de outras ferramentas estratégicas, como o planejamento estratégico, mas também para servir de base para a utilização de diversas outras ferramentas de discussão e elaboração de análise estratégica.

A sequência que sugerimos – e que passaremos a considerar como estrutura deste livro – é a apresentada na figura a seguir.

OS 5 PS DA ESTRATÉGIA: SEQUÊNCIA ADAPTADA

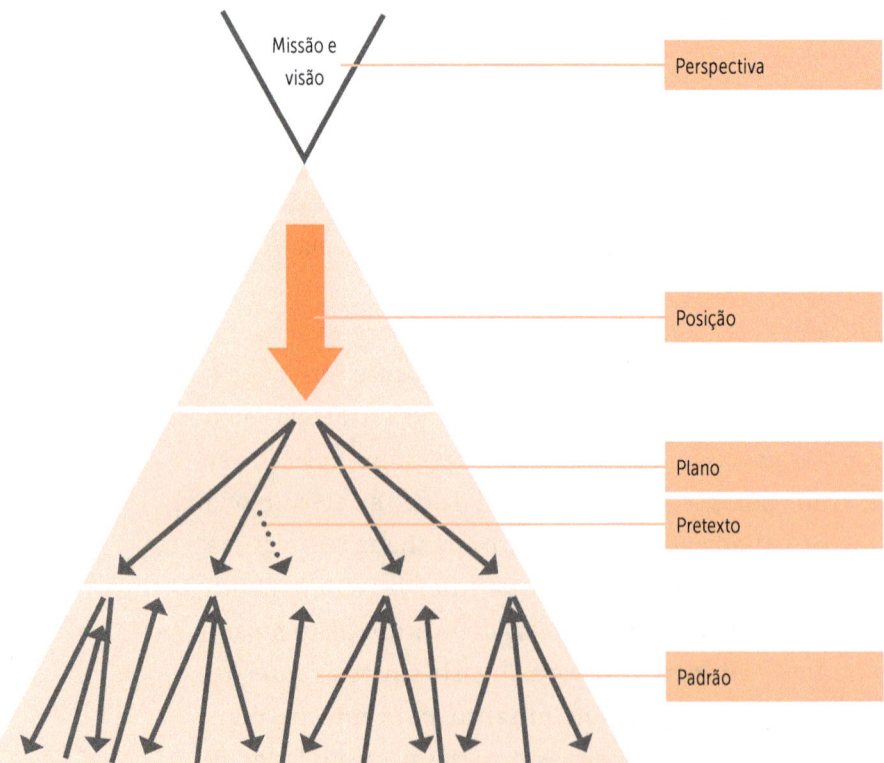

Os quatro primeiros capítulos deste livro, portanto, como você poderá notar, correspondem à sequência apresentada nessa ilustração. Trataremos, em capítulos separados, do conceito de cada um dos Ps, todos os quais complementaremos com as ferramentas de análise estratégica a eles relacionadas e com exemplos práticos de como cada um deles pode ser trabalhado na realidade das organizações. No capítulo final, buscaremos evidenciar a relação lógica que enxergamos entre os Ps e o modo como podemos utilizá-la coerentemente para realizar diagnósticos de processos estratégicos nas organizações, descrevendo como exemplo a estratégia de algumas empresas e demonstrando a aplicação da mencionada sequência para a definição de um planejamento estratégico.

COMO APROVEITAR AO MÁXIMO ESTE LIVRO

Empregamos nesta obra recursos que visam enriquecer seu aprendizado, facilitar a compreensão dos conteúdos e tornar a leitura mais dinâmica. Conheça a seguir cada uma dessas ferramentas e saiba como estão distribuídas no decorrer deste livro para bem aproveitá-las.

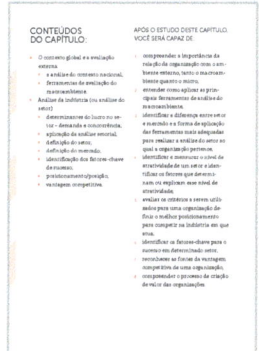

CONTEÚDOS DO CAPÍTULO:

Logo na abertura do capítulo, relacionamos os conteúdos que nele serão abordados.

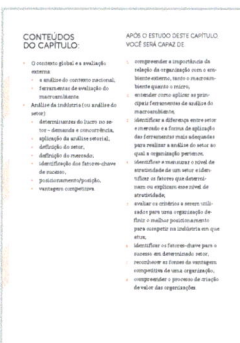

APÓS O ESTUDO DESTE CAPÍTULO, VOCÊ SERÁ CAPAZ DE:

Antes de iniciarmos nossa abordagem, listamos as habilidades trabalhadas no capítulo e os conhecimentos que você assimilará no decorrer do texto.

ESTUDO DE CASO

Nesta seção, relatamos situações reais ou fictícias que articulam a perspectiva teórica e o contexto prático da área de conhecimento ou do campo profissional em foco com o propósito de levá-lo a analisar tais problemáticas e a buscar soluções.

SÍNTESE

Ao final de cada capítulo, relacionamos as principais informações nele abordadas a fim de que você avalie as conclusões a que chegou, confirmando-as ou redefinindo-as.

ESTRATÉGIA COMO PERSPECTIVA

CONTEÚDOS DO CAPÍTULO:

- A missão.
- A visão.
- Os valores.
- O propósito.

APÓS O ESTUDO DESTE CAPÍTULO, VOCÊ SERÁ CAPAZ DE:

1. compreender o que é estratégia como perspectiva;
2. refletir sobre a importância de a organização identificar sua verdadeira razão de ser;
3. identificar a direção de futuro desejada pela organização, explicitada pela declaração de visão;
4. perceber a importância da definição dos valores como diretrizes norteadoras do comportamento de toda a organização;
5. compreender que a filosofia da organização, explicitada pelas declarações de missão, visão e valores, define seu propósito, fundamental para dar sentido à própria existência e orientar o comportamento de toda a organização;
6. visualizar, de forma aplicada e prática, o leque de opções de atuação que a compreensão do verdadeiro negócio da empresa proporciona para os gestores;
7. desenvolver a capacidade de análise e busca de oportunidades de negócios, propiciada pela compreensão da perspectiva da organização.

Uma das formas de a estratégia[1] ser percebida nas organizações é como perspectiva, conforme apontam Mintzberg et al. (2007). Construir uma perspectiva é conquistar uma visão mais ampla do que é de fato a organização, de qual é seu verdadeiro negócio e, principalmente, daquilo que é sua razão de ser. Considerar a estratégia como perspectiva é um exercício de olhar para dentro da organização e, mais do que isso, de olhar, na verdade, dentro da cabeça dos estrategistas e do coletivo de uma organização (Mintzberg et al., 2007).

Entendemos a estratégia como perspectiva como o primeiro dos 5 Ps a ser discutido exatamente pelo fato de representar a forma como o estrategista percebe e compreende a organização e como essa compreensão se reflete de maneira coletiva em toda a empresa. Dentro de uma proposta prescritiva, o primeiro passo para a definição da estratégia de uma organização passa necessariamente pela compreensão do verdadeiro negócio a implementar e da razão de ser da empresa. A definição dos demais Ps dependerá (ou será influenciada) da perspectiva que se tem da organização.

O conteúdo da perspectiva consiste não apenas na posição escolhida, mas também numa maneira de olhar e de perceber o mundo. Nesse sentido, as organizações, em razão da construção interna – na mente coletiva de seus gestores – daquilo que a caracteriza e a define, relacionam-se com o mundo demonstrando o que são e como são. Mintzberg et al. (2007) citam como exemplos desse processo:

- a ideologia da IBM, que, segundo Collins e Porras (1995), está centrada na consideração total para com cada funcionário; no uso do tempo que for necessário para deixar os clientes felizes; na empreitada de ir até o fim

---

[1] É preciso compreender *estratégia* de maneira ampla e dentro de uma visão organizacional, como a definição de Chandler (1962) sugere, ou seja, trata-se da determinação das metas e dos objetivos de longo prazo da empresa, bem como da alocação dos recursos necessários à realização dessas metas. A estratégia empresarial, nesse caso, é um conjunto de meios que a organização utiliza para definir e alcançar seus objetivos.

para fazer as coisas certas – na busca da superioridade em tudo o que fazem;

- a "maneira HP" da Hewlett-Packard, baseada em sua cultura de engenharia, no respeito pelos funcionários e na busca pela qualidade por um preço acessível para os clientes;
- e a característica ênfase em qualidade, serviço e limpeza do McDonald's.

Na visão da estratégia como perspectiva, então, a "estratégia é para a organização aquilo que a personalidade é para o indivíduo" (Mintzberg et al., 2007, p. 27). Diversos outros autores (Selznick, 1957; Drucker, 1974; Tregoe; Zimmerman, 1980) já propuseram essa visão de estratégia, mas Mintzberg et al. (2007) argumentam que os alemães talvez tenham sido os que melhor conseguiram capturar o sentido do termo com a palavra *weltanschauung*, que literalmente significa "visão do mundo", ou seja, uma intuição coletiva sobre como o mundo funciona.

Mintzberg et al. (2007) explicam que a estratégia, no âmbito da estratégia como perspectiva, é um **conceito**. Com base nisso, é lícito afirmar que todas as estratégias são abstrações que existem apenas na cabeça das partes interessadas[2]. "Estratégia é uma invenção, uma criação da imaginação de alguém, seja concebida com a intenção de regular o comportamento antes que ocorra a ação, seja inferida como padrão para descrever um comportamento que já ocorreu" (Mintzberg et al., 2007, p. 27).

A perspectiva é estratégia quando é **compartilhada**. "Como indicado nas palavras *weltanschauung*, *cultura* e *ideologia* (em relação à sociedade), mas não à [sic] palavra *personalidade*, estratégia é uma perspectiva compartilhada pelos membros de uma organização, por suas intenções e/ou por suas ações" (Mintzberg et al., 2007, p. 27).

---

2 A expressão *partes interessadas* é a equivalente, em inglês, a *stakeholders*. Esta última forma é preferencialmente utilizada em outros pontos neste livro.

Nesse sentido, para Mintzberg et al. (2007), quando falamos de estratégia nesse contexto, nós a estamos considerando na esfera da **mente coletiva** – pessoas que convergem por compartilharem o mesmo pensamento e/ou apresentarem um comportamento comum. "Dessa forma, uma questão importante no estudo da formação de estratégia é como ler essa mente coletiva – para entender como as intenções se espalham pelo sistema chamado organização para se tornarem compartilhadas e que ações devem ser praticadas em bases coletivas e consistentes" (Mintzberg et al., 2007, p. 27).

Essa compreensão da estratégia como perspectiva, discutida de maneira descritiva por Mintzberg et al. (2007), revela a procura da organização (em direção a seu interior) por uma reflexão sobre a própria existência, numa busca aproximada pela identificação do sentido da própria razão de ser, para depois tentar conectar-se com o seu entorno. A empresa faz isso com a expectativa de perceber como pode se relacionar com o mundo exterior na esperança de compreender o que de fato lhe dá sentido. Entendemos que essa discussão de Mintzberg et al. (2007) pode ser tratada com base em um olhar prescritivo, pois todas as organizações deveriam ter clara a própria razão de ser e deixar que essa compreensão oriente todas as suas demais ações estratégicas.

Quando perguntamos a alunos de diversos cursos (os de formação em nível de especialização, os de MBA, abertos ou *in company*, os de mestrado ou doutorado) – ou diretamente a gestores de empresas competitivas – qual é a principal finalidade de uma organização, aquela em função da qual ela invariavelmente surge, a resposta, quase sempre, gira em torno da busca pela obtenção do lucro (como se este fosse o sentido, a razão de ser de uma organização). No entanto, aproveitamos momentos como esses para aprofundar a discussão, trazendo para o diálogo a percepção de que realmente o lucro é fundamental para qualquer tipo de organização (empresas com fins lucrativos ou sem fins lucrativos), já que a única diferença entre essas duas categorias é, no fundo, o que se pode fazer com o lucro. Na sequência da discussão, argumentamos que o lucro deve ser visto como uma consequência desejável e necessária, mas apenas uma consequência, pois o sentido real da existência de uma organização é atender às necessidades da sociedade.

Para reforçar essa visão, utilizamos a fala de Robert Simons (1995b), autor e pesquisador da Harvard Business School, segundo o qual o lucro é fundamental, tendo o mesmo grau de importância para uma organização que o oxigênio tem para o ser humano. Ou seja, não se discute que o lucro seja importante, uma vez que ele é fundamental para qualquer tipo de organização. No entanto, Simons (1995b) continua sua reflexão perguntando o seguinte ao leitor: "Sua razão de ser é respirar?". "Há algo mais!" – responde. Esse algo mais é a perspectiva.

Uma organização, portanto, compreende, ao mesmo tempo, a própria razão de ser e a real necessidade que procura atender na sociedade a partir do momento em que define de maneira clara sua perspectiva.

Simons (2000) afirma que a estratégia definida como perspectiva está relacionada a um sistema de crenças da organização. Esse sistema de crenças orienta o comportamento das pessoas numa mesma direção a partir do momento em que busca engajar a todos, de maneira coletiva. Esse pensamento é reforçado por Mintzberg et al. (2007) quando afirmam que é em torno da mesma visão de futuro e dos mesmos objetivos – mas principalmente em torno da mesma compreensão do que é a organização e do que ela representa para a sociedade – que deve ser compreendido qual é seu verdadeiro negócio.

1.1 FERRAMENTAS DE GESTÃO NA CONSTITUIÇÃO DA ESTRATÉGIA COMO PERSPECTIVA

Para Simons (2000), os instrumentos ou ferramentas de gestão utilizados para explicitar e estruturar a perspectiva a fim de engajar todos os envolvidos são as conhecidas declarações de **missão**, **visão** e **valores**. Essas declarações, que detalharemos nos tópicos seguintes, podem ser sintetizadas naquilo que muitos identificam atualmente como o propósito da organização.

1.1.1 MISSÃO

Peter Drucker (1974, p. 78, tradução nossa) esclarece que "a missão e o propósito da organização são raramente levados em consideração, o que, provavelmente, passa a ser a principal e/ou única causa do fracasso e do insucesso empresarial". A missão é a impulsionadora da organização em direção à situação futura desejada e responde à importante pergunta: "Qual é o nosso negócio?".

A missão deve explicar o que a organização faz e qual é a razão de ser dela. Deve definir o propósito ou a finalidade socioeconômica da empresa, em qual negócio ela se encontra. Abell (1980) já definiu, mediante três dimensões, as três perguntas-chave que uma empresa deve responder para definir a que se dedica e em qual negócio está. É o que se denomina de *conceito de negócio* (Abell, 1980), o qual está representado na Figura 1.1. Pelo uso dessas três perguntas, a empresa tem a oportunidade de refletir e reconhecer qual é o negócio ao qual se dedica, podendo alterá-lo ou repensá-lo.

As três perguntas são as seguintes: "Qual tipo de necessidade a empresa deseja satisfazer?"; "A quem (qual o segmento de mercado)?"; "Como (com qual tecnologia ou *know-how*)?".

FIGURA 1.1 – O CONCEITO DE NEGÓCIO

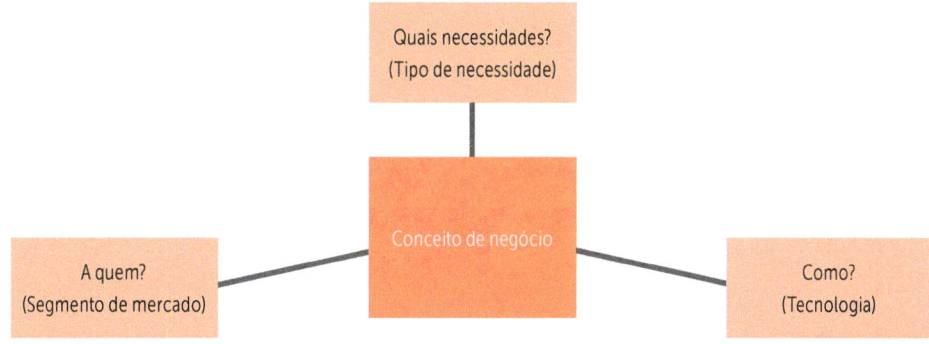

Fonte: Elaborado com base em Abell, 1980, p. 7, tradução nossa.

A CONSTRUÇÃO DA MISSÃO NAS/PELAS EMPRESAS: O CONCEITO DE NEGÓCIO

Em 1960, o economista americano Theodore Levitt lançou o conceito de *miopia em marketing* em seu conhecido texto "Marketing myopia". O argumento de Levitt (1960) se fundamenta na curta visão das empresas perante o mercado em que atuam. Levitt se utiliza de diversos exemplos para demonstrar seu pensamento. O exemplo mais conhecido e citado é o das empresas cinematográficas de Hollywood, que na década de 1940 e 1950 definiam o próprio negócio como "produzir filmes". Essa era uma maneira míope de descrevê-lo, pois o verdadeiro negócio que essas empresas possuem é o de oferecer entretenimento para a sociedade.

A partir do momento em que elas entenderam isso, tendo consequentemente perdido a mencionada miopia, passaram a perceber a produção de conteúdo para a televisão não mais como uma grande ameaça para o negócio, uma concorrente, mas como uma grande oportunidade de negócio, alinhada à própria missão, a de, portanto, oferecer entretenimento para a sociedade. Os parques temáticos, também vistos como ameaças, passaram a ser novas opções de negócios. Atualmente, quase a totalidade das empresas de cinema atua na produção de conteúdo para TV, em parques temáticos e em diversas outras opções de atividades, desde que alinhadas com a referida missão: o entretenimento.

A forma de definir o negócio por uma empresa, demonstrada por Abell (1980), oferece muito mais possibilidades do que a forma tradicional, focada no produto, ou seja, refém da falta de visão (miopia) mais abrangente.

Outro clássico exemplo é o do fabricante de garrafas de vidro (definição focada no produto). Se utilizarmos o conceito de *negócio* e pensarmos como um fabricante de garrafas, poderemos definir o negócio como "satisfazer as necessidades de envasados", mais concretamente como "conservar produtos de fácil decomposição", como no caso de alguns fabricantes da indústria alimentícia (por exemplo, a indústria de lacticínios, as vinícolas, os produtos de azeite; com a tecnologia do vidro). Essa maneira de pensar sobre aquilo a que a empresa se dedica abre muitas possibilidades de reflexão. Sem ir mais longe, nosso produtor de garrafas de vidro poderia redefinir cada eixo descrito no modelo de Abell (1980). Se a indústria do vidro está em plena maturidade (seu crescimento é baixo ou negativo), por que não se propor a satisfazer as mesmas necessidades em indústrias similares, mas com outra tecnologia? As possíveis respostas a nosso empresário das garrafas de vidro poderiam ser as seguintes: plástico, latas metálicas, *brick*, cartão de madeira. Todas essas alternativas de novas tecnologias abrem possibilidades de reflexão que talvez fossem até então ignoradas. Uma alternativa para o mencionado empresário seria repensar a própria necessidade que deseja satisfazer. Talvez pudesse pensar na possibilidade de facilitar o transporte ou a armazenagem, ajudar na exposição de produtos nas gôndolas etc. Talvez, então, pudesse repensar o tipo de indústria a atender. Dessa forma, poderia considerar novas possibilidades: além da indústria de alimentos, os fabricantes de cosméticos, de produtos farmacêuticos, a indústria agropecuária e alguns fabricantes de produtos industriais.

Quando Drucker (1974) afirma que a falta de atenção dada à missão talvez seja a única causa do fracasso empresarial, ele se refere às consequências danosas que são sofridas pela empresa quando os gestores (proprietários, empreendedores ou agentes responsáveis pela gestão) não entendem o verdadeiro negócio.

Um exemplo mais simples para demonstrar que esse raciocínio se aplica a qualquer tipo e tamanho de organização é o caso das empresas de defesa contra multas de trânsito. Os gestores dessas empresas podem apresentar uma visão míope do negócio quando o definem como "oferecer ao cidadão o direito à defesa perante o poder público responsável". Não existe a necessidade de qualquer pessoa que se sinta lesada ao receber uma multa de trânsito em contratar o serviço de uma empresa especializada em elaborar recursos de multas.

Cada indivíduo nessa circunstância pode avaliar a situação, analisar a legislação e elaborar o próprio recurso e protocolá-lo direta e pessoalmente no órgão responsável.

No entanto, aqueles que preferem recorrer a uma empresa de defesa contra multas estão atendendo ou satisfazendo a qual necessidade? Muitas dessas empresas deixaram de existir nos últimos anos no país, pois o número de multas diminuiu em razão de vários fatores, entre os quais estão o aprendizado da população e a melhor sinalização dos controladores de velocidade (radares e lombadas eletrônicas). Alguns empresários talvez tenham justificado a saída do setor afirmando que a necessidade desapareceu, o que é certamente um equívoco. Eles saíram do setor, como afirma Drucker, porque não entenderam a verdadeira perspectiva do negócio, ou seja, a missão dele.

Nesse caso, a real necessidade atendida de alguém que contrata esse tipo de serviço é a de otimização do tempo. Muitos não querem perdê-lo em atividades que concorrem com o tempo a ser dedicado a outras atividades mais importantes, como passear com os filhos e estar disponível para a família. Mas não é somente na questão de recursos de multas que as pessoas não estão dispostas a perder tempo em detrimento de outras atividades consideradas mais importantes. A empresa que entendeu essa real necessidade – ou seja, que compreendeu sua estratégia como perspectiva, sua verdadeira missão – consegue visualizar outros serviços que estão em harmonia com essa perspectiva, como os serviços de despachante imobiliário e de despachante de serviços do Detran. Essas empresas não apenas continuam a existir como crescem em portfólio de serviços que concentram a missão de agilizar o tempo das pessoas em atividades para as quais não estão dispostas a canalizar o próprio tempo, mas a cujo resultado desejam ter acesso. Isso é compreender a missão para continuar a fazer parte do setor, continuar a existir.

Essa forma de entender o negócio de uma empresa apresenta, basicamente, duas grandes vantagens:

1. por um lado, define com certa exatidão a que se dedica uma empresa e – tão importante como esse fato – define a que ela **não** se dedica;
2. por outro lado, a organização se coloca importantes questionamentos, novas alternativas de atuação e, principalmente, a possibilidade de perceber mais facilmente se seu negócio atual está ou não ficando obsoleto.

Essa possibilidade de adquirir maior amplitude no leque de opções de negócios, alinhadas com a própria missão, é essencial para poder sobreviver às mudanças no ambiente externo, como ilustrado nos exemplos citados anteriormente.

O conceito de negócio apresentado por Abell (1980), portanto, apresenta uma pergunta fundamental, mas nem sempre respondida de maneira satisfatória: "Qual necessidade a empresa satisfaz?". Como vimos, responder corretamente a essa pergunta demonstra que a empresa alcançou um alto nível de compreensão de seu verdadeiro negócio, ou seja, que ela tem um conceito de negócio e, logo, uma compreensão de sua missão capaz de influenciar as demais decisões estratégicas.

A IMPORTÂNCIA E A REALIZAÇÃO DA MISSÃO NA PRÁTICA

A missão estratégica é a aplicação (ou tradução) na prática da intenção estratégica, devendo em síntese especificar os mercados aos quais a organização planeja servir, alavancando eficientemente recursos, capacidades e competências.

Uma boa declaração da missão cria convergência com as áreas de interesse, serve de limite entre o que se deve ou não fazer, serve de referência para a tomada de decisões dos gerentes e exerce a função de guia prático para as atividades administrativas.

Segundo Ipinza (2013), uma boa missão deve apresentar as seguintes características fundamentais:

- definir o que é a organização;
- definir como aspira servir a comunidade vinculada;

- ser suficientemente ampla para permitir o crescimento criativo;
- diferenciar a organização de todas as demais;
- ser explicitada de maneira clara para ser entendida por todos;
- gerar credibilidade em relação à organização naqueles que venham a ler o texto da missão.

Com base nessa visão de Ipinza (2013), podemos afirmar que, em resumo, a missão de uma organização deve estabelecer uma clara diferenciação em relação a outras organizações do mesmo setor, assim como lhe conferir uma identidade que a guie na conquista do próprio propósito, evitando cair no equívoco de seguir direções diferentes.

Se a confusão – que ocorre com muitas empresas – que pode acontecer na hora de escolher o melhor caminho for resolvida seguindo-se diferentes orientações em várias tentativas, na prática, não se haverá tomado nenhuma direção, e o futuro será totalmente incerto. Por essa razão, a missão requer uma visão firme, que delimite o presente e o futuro desejado. A missão fixará a direção a ser seguida, sendo responsabilidade do líder do processo reconhecer os sinais que indiquem a necessidade da mudança de caminho no momento oportuno.

Para Ipinza (2013), a missão, apoiada de maneira complementar pela visão – nosso próximo aspecto a ser considerado na busca do entendimento sobre a estratégia como perspectiva –, deve preparar a organização para o futuro, devendo, para isso, ser:

- simples e concisa;
- clara e sólida em conteúdo;
- geradora de entusiasmo pelo futuro;
- motivadora do compromisso efetivo dos membros da organização;
- esclarecedora da direção de longo prazo.

1.1.2 VISÃO

No tópico anterior, vimos como a missão (e o conceito de negócio) – a razão da existência da organização –, definindo o que a empresa deve fazer, está focada, portanto, no presente da empresa, ou seja, no que a organização é.

A visão, por sua vez, tem o mesmo propósito, embora focalize o futuro. De fato, muitas empresas incluem a visão na definição de missão, oferecendo nas duas definições perspectivas temporais.

Assim, a visão (ou a missão compreendida como visão) é uma imagem do futuro que a empresa deseja conquistar, ou seja, a visão é uma situação futura que a empresa quer vir a ocupar. É a definição de como quer estar em um determinado intervalo de tempo (normalmente, no longo prazo), razão pela qual indica para onde a empresa quer ir.

A VISÃO E O CONCEITO DE NEGÓCIO: TENSÃO CRIATIVA

A visão pode pressupor uma mudança no conceito de negócio atual da empresa. No entanto, a visão pode simplesmente significar um aumento da ambição em relação ao atual conceito de negócio da empresa.

Um exemplo claro disso é a visão do McDonald's, que, segundo seus informes de gestão do ano de 1997, tinha como visão dominar o mercado global de comida rápida. Outro exemplo é a visão da Kellogg's, que era potencializar sua liderança mundial em produtos alimentícios nutritivos (principalmente cereais). Outros exemplos notáveis de visão que podemos citar são o da British Airways – "converter-se na companhia de aviação favorita do mundo" – e o da Cray Research – "produzir o computador mais rápido do mundo".

Uma empresa que realiza o duplo esforço de conseguir conhecer muito bem tanto a realidade atual quanto o futuro desejado (visão) pode produzir o que Fritz (1989) denomina de *tensão criativa*, sendo o termo *tensão* entendido aqui como "força que conduz à mudança para conseguir alcançar a visão desejada". Conforme enfatiza Peter Senge (1990), entender claramente onde se quer que a empresa esteja é ainda mais importante que conhecer onde ela está. Contudo, não se pode esquecer que um adequado conhecimento da realidade atual da empresa é também imprescindível, uma vez que a diferença entre essas duas situações, a real e a desejada, produz a força que conduz à mudança.

Senge (1990) apresenta um esquema (Figura 1.2) que esclarece a relação entre o conhecimento da realidade atual e a visão para gerar como consequência a tensão criativa, imaginando a realidade e a visão como dois extremos de uma corda flexível. Quanto mais separadas estiverem, maior tensão (criativa) será produzida. Porém, se a tensão estiver no nível máximo, a corda poderá romper-se, por mais flexível que ela seja.

FIGURA 1.2 – TENSÃO CRIATIVA

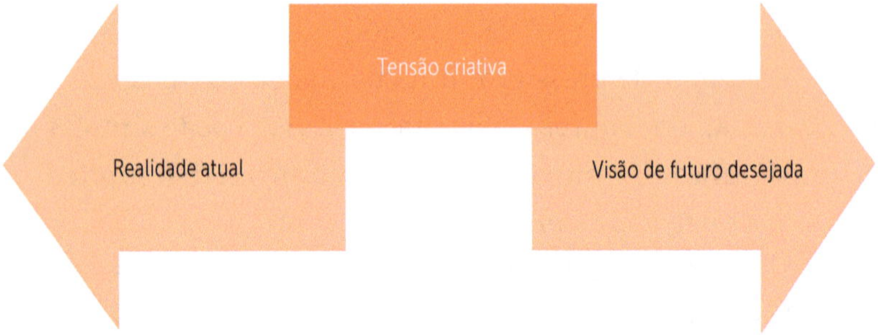

Tensão criativa

Realidade atual

Visão de futuro desejada

Fonte: Elaborado com base em Senge, 1990.

Sem uma visão não pode haver tensão criativa, uma vez que esta não pode ser gerada somente com base na realidade atual. Todas as análises do mundo nunca poderão gerar uma visão por si mesmas. No entanto, também é correto afirmar que a tensão criativa não pode ser produzida somente com uma visão. A tensão criativa exige um preciso conhecimento da realidade.

Dirigir uma organização por meio da tensão criativa é diferente de resolver problemas. Na resolução de problemas, a energia para a mudança vem do esforço em se evitar um aspecto da realidade atual que é indesejável. No caso da tensão criativa, a energia para a mudança vem, principalmente, da visão, com base na qual se quer criar uma nova realidade, junto com o conhecimento da realidade atual. Na resolução de problemas, a motivação é externa; na tensão criativa, é interna.

Essa reflexão remete à colocação de Mintzberg et al. (2007) de que a perspectiva, quando compartilhada internamente nas organizações, gera um movimento de busca de oportunidades por parte dos gestores que estejam alinhados com o entendimento do que é a empresa, sua situação atual e a situação futura que deseja vir a ocupar. Podemos entender que este é um dos efeitos da tensão criativa, ou seja, o de despertar esse movimento de busca criativa por oportunidades que possam resultar em mudanças adequadas e coerentes para a empresa, considerando-se a realidade dela e o que se deseja no futuro.

1.1.3 VALORES

Inicialmente, vejamos o que declara Nonaka (1991, p. 2, tradução nossa): "Uma empresa não é uma máquina, mas sim um organismo vivo, e, como tal, possui um sentido coletivo de identidade [...], uma compreensão compartilhada do que é a empresa".

Com base no teor dessa passagem, podemos afirmar que os valores são a base na qual se fundamentam as decisões-chave de uma empresa: "Cada organização é um produto de como seus membros pensam e interatuam" (Senge et al., 1994, p. 17, tradução nossa).

Segundo Jones (2008, p. 178, tradução nossa), os valores organizacionais "são critérios, padrões ou princípios-chave gerais que as pessoas usam para determinar que tipos de comportamento, eventos, situações e resultados são desejáveis ou indesejáveis". Portanto, podem ser considerados as políticas que se aplicam como diretrizes mais importantes:

normatizam, dão causa ao desempenho dos funcionários e constituem o padrão de atuação que guia o processo de tomada de decisões.

Os valores estabelecem, pois, a filosofia da organização ao representar claramente as crenças, as atitudes, as tradições e a personalidade dela.

Conforme Ipinza (2013), os valores são indispensáveis para:

- moldar os objetivos e os propósitos;
- produzir as políticas;
- definir as intenções estratégicas.

Podemos pensar em casos extremos para aclarar o tema.

As decisões de uma empresa conservadora não serão as mesmas que as de uma empresa muito agressiva, ainda que ambas tenham o mesmo potencial. Do mesmo modo, não serão as mesmas as decisões tomadas por uma empresa que valoriza o meio ambiente e por outra que não o valoriza. Igualmente, o fato de uma empresa ter ou não um sentido ético dos negócios marcará direções diferentes.

O ser (e o querer seguir sendo) uma empresa familiar também pode ser um valor de uma organização. Esse tipo de valor, no caso, está vinculado a aspectos relacionados à tradição, à ética empresarial, à ambição etc.

Um exemplo de valor de uma empresa pode ser a busca pela excelência e pela perfeição, tal como ocorre no grupo Disney. Uma das consequências desse valor é o investimento constante que a empresa faz na formação das pessoas como uma das chaves para seu sucesso, razão pela qual ela capacita constantemente seus colaboradores, tendo, para isso, a própria Disney University. Além disso, esse valor (busca pela excelência) evita que a empresa possa cair no perigo que é pensar que é melhor do que as demais empresas.

Os valores como aspecto da estratégia como perspectiva podem suscitar diversas outras reflexões, como a relativa ao comportamento ético das organizações e, consequentemente, de seus gestores.

Não há como não destacar aqui a crítica de que os valores explicitados nas declarações formais das empresas muitas vezes não se encontram refletidos no comportamento dos gestores. Nesses casos, a empresa declara crer em determinados valores, mas atua de forma muito diferente do descrito. Isso adiciona à nossa reflexão outros exemplos: a falta de ética, a perseguição desmensurada por enriquecimento, o egoísmo etc. Em nosso país, a história recente nos mostrou alguns casos de empresários cujas decisões tinham o fundamento em valores que não podem ser qualificados como "exemplares".

1.2 O PROPÓSITO

Mais recentemente, na literatura sobre estratégia, começou a aparecer o termo *propósito* para designar o conjunto de declarações de missão, visão, valores, princípios e credos que as empresas adotam e divulgam para os colaboradores e demais *stakeholders*.

Em algumas publicações, o termo *propósito*, entretanto, é utilizado apenas como sinônimo de *missão*. Uma dessas obras é o livro *O estrategista*, de Cynthia A. Montgomery (2012). A autora afirma que o propósito é a forma como as empresas descrevem a si mesmas nos termos mais simples possíveis – por que elas existem, o que oferecem de singular ao mundo, o que as diferencia e a quem interessam. Para Montgomery (2012), é do propósito que nasce o desempenho diferenciado. **Um bom propósito é enobrecedor.** Ele torna os esforços de uma empresa mais nobres e dignos.

Cynthia Montgomery orienta as empresas a não subestimar o papel que o propósito pode ter na promoção do interesse e do compromisso que levam as pessoas a produzir bons resultados.

Um bom propósito deve ser firme. Ele precisa dizer: "fazemos x, não y"; "seremos isto, não aquilo". Tem, portanto, de ser um compromisso e deve ser compartilhado com todos na organização. Deve gerar um comportamento coletivo. Montgomery (2012) reforça que **um bom propósito faz destacar e diferenciar a empresa**.

Se você, por exemplo, só consegue descrever sua empresa genericamente – como em "somos uma firma de relações públicas" ou "somos uma consultoria de TI" –, então você não tem um propósito real. A razão de a empresa existir, o tipo de consumidores que quer atender e a necessidade de mercado que quer suprir precisam destacá-lo dos outros que fazem genericamente o que você faz.

Dessa forma, com base nessa visão de propósito, podemos manifestar nossa concordância com a ideia de que o significado do termo se aproxima muito do de *missão*, e eles podem ser tratados de maneira semelhante. A questão é que o propósito se relaciona com o conceito de estratégia como perspectiva, porém de um modo mais profundo, e apresenta uma relevância extrema na prática da estratégia nas organizações. A visão de Cynthia Montgomery, que se utiliza de exemplos de grandes empresas de sucesso, descreve muito bem o papel que o propósito pode desempenhar quando utilizado adequadamente, como estratégia e de maneira estratégica.

Quando Mintzberg et al. (2007) afirmam que a estratégia como perspectiva se refere à criação de uma mente coletiva, precisamos considerar as declarações de missão, visão, valores e propósito como ferramentas empregadas pelos gestores com o intuito de explicitar o que essa mente coletiva está realmente pensando. Como ferramentas, essas declarações são neutras, e o efetivo resultado delas dependerá sempre de quem as está utilizando. Uma ferramenta pode gerar obras maravilhosas ou totalmente inúteis. Tudo depende, portanto, de quem a está usando.

O grande desafio ainda reside no sentido de como garantir o que se está conseguindo ler dessa mente coletiva e se ela traduz o que a organização realmente é ou deseja ser. Ao mesmo tempo, soma-se a esse desafio o esforço que é necessário realizar para entender como as intenções se espalham pela organização a fim de se tornarem finalmente compartilhadas e efetivamente traduzidas em ações, sendo praticadas em bases coletivas, coerentes e consistentes, caracterizando-se de fato uma estratégia como perspectiva – uma perspectiva, portanto, que expressa de maneira consciente o que a organização é e que assume o papel de orientar de forma coerente todas as demais áreas, ações e movimentos dessa organização.

SÍNTESE

Neste capítulo você, pôde ter contato com o primeiro P da estratégia: a estratégia como perspectiva. Na releitura que fizemos dos 5 Ps da estratégia (Mintzberg et al., 2007), trabalhamos a perspectiva como o primeiro P em razão de ela representar a capacidade que o gestor tem de compreender, de forma ampla e profunda, a razão de ser da organização e a real necessidade que esta atende na sociedade. Essa compreensão, como você viu, é fundamental para que o verdadeiro negócio das organizações seja identificado e possa ser explorado em todas as possibilidades. Ou seja, com os argumentos apresentados, você deve ter percebido que todo esse entendimento da perspectiva é a primeira e mais importante questão que um estrategista deve conseguir responder em relação à organização.

Você também conheceu as ferramentas de gestão que são utilizadas para explicitar, de maneira sistemática, qual é a perspectiva da organização para todos os *stakeholders*: as declarações de missão, visão e valores. Essas declarações, quando bem definidas e formuladas, deixam claras a razão de ser da organização, a direção a ser seguida e a situação futura que se deseja ocupar, bem como os valores que devem orientar as ações na busca da conquista dessa situação futura. O conjunto dessas declarações e o respectivo significado traduzem, como você pôde notar, o que muitos identificam como o propósito da organização. Todas as demais definições importantes para a estratégia de uma empresa (como o posicionamento e a vantagem competitiva, que ainda veremos neste livro) derivam da compreensão de seu propósito. Isso é estratégia como perspectiva.

2

ESTRATÉGIA COMO POSIÇÃO

CONTEÚDOS DO CAPÍTULO:

- O contexto global e a avaliação externa:
    - a análise do contexto nacional;
    - ferramentas de avaliação do macroambiente.
- Análise da indústria (ou análise do setor):
    - determinantes do lucro no setor – demanda e concorrência;
    - aplicação da análise setorial;
    - definição do setor;
    - definição do mercado;
    - identificação dos fatores-chave de sucesso;
    - posicionamento/posição;
    - vantagem competitiva.

APÓS O ESTUDO DESTE CAPÍTULO, VOCÊ SERÁ CAPAZ DE:

1. compreender a importância da relação da organização com o ambiente externo, tanto o macroambiente quanto o micro;
2. entender como aplicar as principais ferramentas de análise do macroambiente;
3. identificar a diferença entre setor e mercado e a forma de aplicação das ferramentas mais adequadas para realizar a análise do setor ao qual a organização pertence;
4. identificar e mensurar o nível de atratividade de um setor e identificar os fatores que determinam ou explicam esse nível de atratividade;
5. avaliar os critérios a serem utilizados para uma organização definir o melhor posicionamento para competir na indústria em que atua;
6. identificar os fatores-chave para o sucesso em determinado setor;
7. reconhecer as fontes da vantagem competitiva de uma organização;
8. compreender o processo de criação de valor das organizações.

O segundo P da estratégia, que deve ser definido de maneira alinhada à perspectiva, é o que Mintzberg et al. (2007) denominam de *estratégia como posição* (ou *posicionamento*[1]). Esses autores definem *posição* como um meio de localizar uma organização em seu "ambiente".

Nessa definição, a estratégia torna-se a força mediadora – ou a "combinação", segundo Hofer e Schendel (1978, p. 4, citado por Mintzberg et al., 2007, p. 26) – entre a organização e o ambiente, ou seja, entre o contexto interno e o externo. Mintzberg et al. (2007) exploram o conceito em termos: ecológicos, econômicos e administrativos, com a intenção de indicar diferenças e, ao mesmo tempo, aprofundar a análise.

> Em termos ecológicos, estratégia torna-se um "nicho"; em termos econômicos, um local que gera "renda", ou seja, "retorno por [estar] em um local 'único'" [Bowman, 1974:47]; em termos administrativos, um "domínio" de produto-mercado (Thompson, 1967), o local no ambiente onde os recursos estão concentrados. (Mintzberg at al., 2007, p. 26)

Mintzberg et al. (2007), de maneira ainda tímida, parecendo recear estarem sendo precipitados, estabelecem as bases da relação que pode existir entre o P da estratégia como posição e no mínimo dois outros Ps, que ainda serão abordados. Consideram que uma organização pode pré-selecionar uma posição e aspirar a ela por meio de um plano (ou pretexto) e/ ou por meio de um padrão de comportamento.

Embora essa relação seja objeto de análise em capítulo próprio (o último deste livro), podemos adiantar que toda posição necessita ser suportada por um plano e, de vez em quando, pretextos podem ser criados para reforçar posições competitivas das organizações, e estratégias emergentes podem surgir justamente em função da necessidade de consolidar ou reforçar determinado posicionamento.

---

1 *Posição* e *posicionamento* são termos usados como sinônimos em toda esta obra.

Uma dimensão importante para compreendermos a estratégia como posição é a origem militar do conceito de *estratégia*. Mintzberg et al. (2007) invocam acertadamente essa visão original ao afirmar que, nas visões militares (e de jogos) sobre estratégia, a posição é geralmente usada no contexto do "jogo entre duas pessoas", mais conhecido no mundo empresarial como *competição direta* (na qual os pretextos – tema trabalhado no próximo capítulo – são muito comuns). A definição de *estratégia como posição*, porém, implicitamente nos permite abrir o conceito para os chamados *jogos de n pessoas* (ou seja, muitos jogadores) e ir além (Mintzberg et al., 2007). Em outras palavras, embora a posição possa sempre ser definida em relação a um único competidor (o que pode ocorrer literalmente na área militar, na qual o exército sempre vai ocupar ou buscar a melhor posição para a batalha), ela também pode ser considerada no contexto de diversos competidores ou simplesmente em relação aos mercados ou um ambiente como um todo. No entanto, Mintzberg et al. (2007) reforçam que a estratégia como posição também pode ir além da competição, de economia e de outros aspectos. A busca por uma posição que evita a competição é um exemplo da dimensão da estratégia. É isso que significa a palavra *nicho*, ou seja, uma posição ocupada para evitar competição.

Para ilustrarem melhor esse pensamento, Mintzberg et al. (2007, p. 27) destacam a definição usada pelo general Ulysses Grant em meados de 1860: "Estratégia [é] a disposição dos recursos de alguém da maneira que lhe dê mais chance de derrotar o inimigo". Por sua vez, para o professor Richard Rumelt (1982, citado por Mintzberg et al., 2007, p. 27), "Estratégia é criar situações para rendas econômicas e encontrar formas de sustentar essas situações", ou seja, qualquer posição viável, diretamente competitiva ou não.

Outro aspecto relacionado ao conceito de estratégia como posição é a visão apresentada por Astley e Fombrun (1983): acontece quando a estratégia visa promover a cooperação entre as organizações, mesmo entre aquelas supostamente concorrentes (equivalente, em biologia, a animais que se reúnem em bandos, em busca de proteção). Tais estratégias podem variar "de acordos e discussões informais a mecanismos formais, como diretorias corporativas associadas, *joint-ventures* e fusões" (Mintzberg et al., 2007, p. 27).

Essa dimensão da estratégia também dá início à discussão sobre o conceito de *coopetição*, que são os movimentos de algumas empresas que buscam cooperar em determinados momentos ou em determinados elos da cadeia de valor e competir em outros elos da mesma cadeia.

Certamente este P (a estratégia como posição) traz a possibilidade de perceber a forma como a estratégia está presente numa organização, sendo, até hoje, assunto que mais discussão tem provocado na literatura sobre o tema. Diversos pontos que estão diretamente relacionados à estratégia como posição poderiam ser desenvolvidos. Aqui vamos nos dedicar aos mais conhecidos e importantes posicionamentos que aprofundaram a discussão sobre estratégia.

Além do aprofundamento sobre o posicionamento como conceito real do que seja estratégia, é fundamental, para o entendimento desse aspecto importante da estratégia, realizar a análise de tudo o que se relaciona à organização e a seu ambiente, nos níveis global, internacional, nacional, regional, por setor industrial e internamente. Todas essas dimensões da estrutura ambiental devem ser consideradas na definição de uma posição.

Com base nessa discussão, vamos, então, analisar a lógica das estratégias genéricas decorrentes e, de maneira mais profunda, discutir a importância da relação com o ambiente setorial, que é onde está presente a seara da competição. O conceito de *cadeia de valor* e a busca pela vantagem competitiva com base no posicionamento, bem como a condução dos recursos, capacidades e competências da organização, estarão no limiar da discussão do próximo P (estratégia como plano), no Capítulo 3, mas como elementos para definir ou reforçar o posicionamento desenvolvido pelas empresas.

2.1 O CONTEXTO GLOBAL E A AVALIAÇÃO EXTERNA: INTERAÇÃO ENTRE FATORES INFLUENCIADOS POR VARIÁVEIS DO AMBIENTE EXTERNO

As empresas vivem num processo contínuo de interação com numerosas variáveis econômicas e não econômicas que acabam condicionando as próprias possibilidades estratégicas. Por isso, é necessário que seja realizada uma profunda análise do ambiente externo, seja ele global, nacional, seja ele setorial. Um exemplo de variável impactada por diversos fatores do ambiente externo é a demanda dos produtos que uma empresa oferece ao mercado. Essa demanda depende fundamentalmente da atratividade que o produto desperta nos clientes, mas também da situação econômica desses clientes potenciais, de sua renda disponível, dos preços de outros bens mais ou menos necessários, das expectativas sobre o futuro da economia, das tendências da tecnologia envolvida, dos fatores sociais e culturais que impactam o produto etc.

O processo de interação (com as numerosas variáveis) é produzido entre as empresas que procuram oferecer produtos ou serviços atrativos para conquistar clientes e o ambiente externo, o que, por meio de numerosos fatores mutantes, cria um ambiente favorável ou desfavorável para que os cidadãos se sintam animados a comprar os produtos oferecidos pelo mercado.

O mesmo ocorre em relação aos fatores *mão de obra*, *capital*, *matérias-primas*, *produtos energéticos* etc., dos quais a empresa necessita para sua produção (fatores produtivos).

As ofertas de condições atrativas realizadas pela empresa para conseguir mão de obra, capital e matérias-primas alcançarão resultados distintos em razão de alguns fatores. São eles: a situação demográfica e cultural da região na qual esteja localizada a organização; a política monetária praticada pela autoridade correspondente; as agendas da negociação coletiva; a liberdade existente para poder armazenar os meios produtivos no exterior. A interação entre esses fatores pressupõe que a empresa adapte suas estratégias às condições do ambiente: trabalhar com intensidade de capital ou trabalhar com menos máquinas e mais mão de obra, de acordo com os custos determinados pelo ambiente externo para ambos os fatores, tornando, assim, mais eficazes seus sistemas de armazenamento.

2.1.1 ANÁLISE DO AMBIENTE INTERNACIONAL E GLOBALIZAÇÃO

Quando falamos em *ambiente externo*, referimo-nos à situação de todas as variáveis que devem ser levadas em consideração quando são tomadas as decisões da direção estratégica, porque aquelas influenciam nos resultados destas.

Sobre o papel do âmbito internacional, afirma Ipinza (2013, p. 87, tradução nossa):

> No entorno do Oceano Atlântico se localizam: (a) a União Europeia, com grande quantidade de países altamente industrializados, elevado poder aquisitivo e grandes necessidades de insumos industriais; (b) o Mercosul, de potencial expectante, composto por Brasil, Argentina, Uruguai, Paraguai e seus potenciais novos associados; e (c) África, continente incerto, que na atualidade é o que mais ajuda recebe por razões de pobreza e situação política.

Essa análise destaca a necessidade de os gestores das organizações utilizarem o mapa-múndi e meditarem sobre todos esses aspectos (variáveis e fatores externos), porque as decisões que tomam *em* e *sobre* suas empresas estarão condicionadas à localização destas em relação ao mundo também. Fatores como a distância de um país em relação aos outros, a localização dele em relação aos grandes blocos econômicos, a proximidade com os distintos oceanos, o tamanho dos mercados, o poder aquisitivo das populações, as tendências de consumo, a fidelização com determinadas marcas, entre outros, são aspectos que devem ser avaliados com seriedade no início do desenvolvimento de uma estratégia.

Em particular, deve ser levado em consideração o referente a decisões de comércio internacional, como dizem respeito à escolha de produtos, qualidade e preços, segundo os requisitos dos distintos mercados. Cada situação implica desenvolver, necessariamente, diferentes estratégias (Ipinza, 2013).

Num primeiro momento, é importante realizar a análise acerca das relações internacionais, que são todas as interações entre nações que incluem o movimento de pessoas, bens, serviços, tecnologia, conhecimento, informação e ideias por meio de suas fronteiras e canalizam o processo pelo qual uma nação ajusta seus interesses aos de outras nações (Hartmann, 1983). Por isso, as relações internacionais devem ser, para os estrategistas organizacionais, uma preocupação de análise de vital importância. Como afirma Ipinza (2013, p. 98, tradução nossa), "se não se planeja com um pensamento geoestratégico, com base em um contexto nacional, pouco poderá ser feito para desenvolver de maneira exitosa o planejamento num contexto empresarial global".

As organizações modernas se encontram imersas numa ordem geoestratégica marcada por operar num mundo multipolar, mutante, assimétrico, de economia globalizada, a qual fez caírem as fronteiras econômicas que antes dividiam o ambiente nacional do internacional. Agora, então, a concorrência se localiza na arena global, sem limites nem restrições (Ipinza, 2013).

Porter (1999) afirma que a queda dos custos dos transportes e da comunicação, a intensificação do fluxo de informações e de tecnologia através das fronteiras, o aumento das semelhanças entre as infraestruturas nacionais, a atenuação das barreiras ao comércio e aos investimentos, tudo isso apresenta como resultado o crescimento marcante do comércio e dos investimentos internacionais, o que torna imperiosa a adoção de uma estratégia global, em oposição à estratégia doméstica, num conjunto cada vez mais amplo de setores.

Com base nesse tipo de análise, Ipinza (2013) explica que, no contexto atual, a fronteira que divide o nacional e o internacional somente existe em termos físicos (geográficos), não mais em termos comerciais. Nesse sentido, não se fala mais em *fornecedores nacionais*, mas em *fornecedores* simplesmente; não se fala mais em clientes locais e clientes estrangeiros, mas em clientes simplesmente; não se fala em concorrências nacional e internacional, mas somente em concorrência. Portanto, segundo Ipinza (2013), não se observa uma coexistência dos ambientes nacional e internacional, uma vez que, na verdade, agora se trata de um ambiente único, e este é o que tem influência na organização.

INSTRUMENTOS E ESTRUTURAÇÃO DE ANÁLISE DAS VARIÁVEIS EXTERNAS

Esse ambiente externo, mais distante da organização, pode ser avaliado com a utilização da **análise Pestel** (fatores políticos, econômicos, sociais, tecnológicos, ecológicos e legais). Por sua vez, o impacto desse ambiente poderá ser estabelecido e quantificado por meio da **matriz de avaliação de fatores externos (Mafe)**, complementada pela avaliação da concorrência por meio da **matriz do perfil competitivo (MPC)**. Veremos todas elas de forma aprofundada mais à frente neste capítulo.

Com base nessa visão inicial sobre o tema, fica claro que o ponto de partida do processo estratégico, numa visão de estratégia como posição, deve ser o contexto atual, analisado por uma gerência que tenha como referência a influência do ambiente externo. As variáveis do ambiente externo mais distante, ao qual podemos também dar o nome de *macroambiente*, apresentam então duas características que devem ser consideradas pelos estrategistas:

1. essas variáveis (econômicas, políticas, sociais, culturais, legais etc.), querendo-se ou não, gostando-se ou não, afetam as organizações;
2. essas variáveis não podem ter seu comportamento alterado por uma organização isolada, restando à empresa somente o desafio de se adaptar inteligentemente.

Para isso, no entanto, é fundamental realizar uma análise profunda a fim de conhecer o comportamento atual da organização e, principalmente, prever a sua tendência dominante, de modo a avaliar as influências mais prováveis, que são traduzidas em forma de oportunidades e/ou de ameaças.

Portanto, uma boa gestão deve monitorar, estabelecendo sensíveis e oportunos sistemas de identificação antecipada, as possíveis mudanças – as quais, em razão da natureza globalizada dos negócios, se apresentarão nos ambientes (setoriais e concorrenciais) e finalmente na demanda e no comportamento dos consumidores (Ipinza, 2013).

A Figura 2.1 ilustra em detalhes a influência progressiva que acontece desde o macroambiente até o microambiente, que é o setor industrial em que a organização compete.

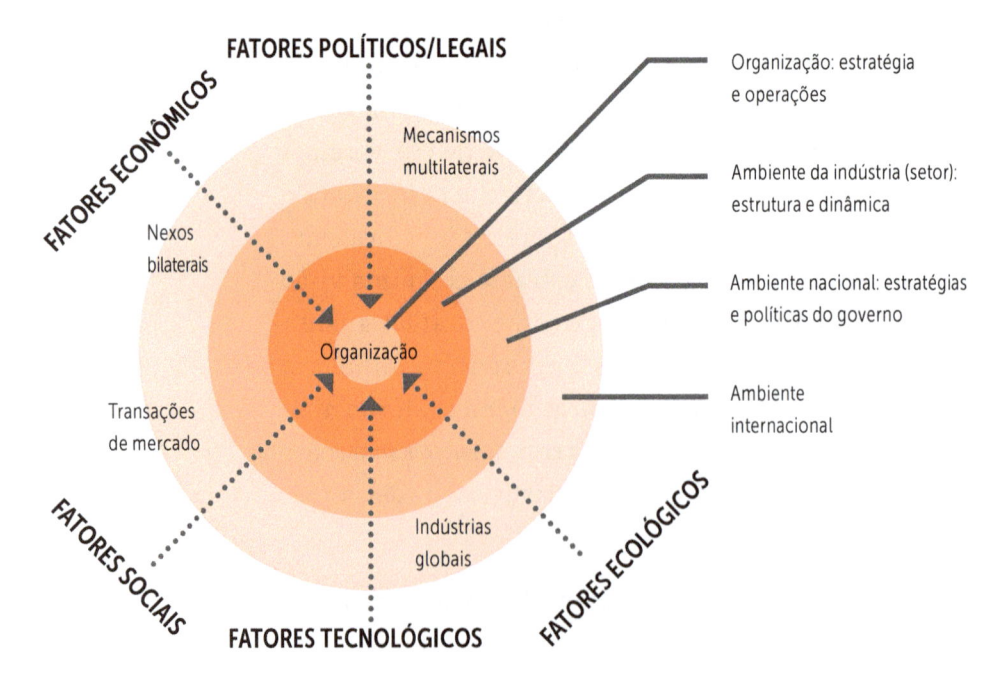

FIGURA 2.1 – ESTRUTURA DA ANÁLISE DO AMBIENTE

- Organização: estratégia e operações
- Ambiente da indústria (setor): estrutura e dinâmica
- Ambiente nacional: estratégias e políticas do governo
- Ambiente internacional

FATORES POLÍTICOS/LEGAIS
FATORES ECONÔMICOS
FATORES SOCIAIS
FATORES TECNOLÓGICOS
FATORES ECOLÓGICOS

Mecanismos multilaterais
Nexos bilaterais
Transações de mercado
Indústrias globais
Organização

Fonte: Elaborado com base em Ipinza, 2013, p. 102, tradução nossa.

As mudanças no ambiente acabam afetando as concorrências aberta e direta, diante das quais as organizações buscam maximizar o número de clientes e alcançar uma posição vantajosa no mercado. Em face dessa realidade, é fundamental que as organizações, por meio de estrategistas, realizem o monitoramento das mudanças do ambiente e da concorrência para elevar a produtividade e a competitividade na nova economia.

Devemos ressaltar aqui, de acordo com Ipinza (2013), que a nova economia foi criada como resultado da influência recebida da nova ordem geoestratégica, da nova tecnologia, do novo ambiente dos negócios e da nova organização, com seu moderno perfil, fatores todos reconhecidos como as quatro mudanças de paradigma. A Figura 2.2 apresenta as dimensões dessa nova economia na visão de Ipinza (2013).

FIGURA 2.2 – A NOVA ECONOMIA E OS NOVOS PARADIGMAS

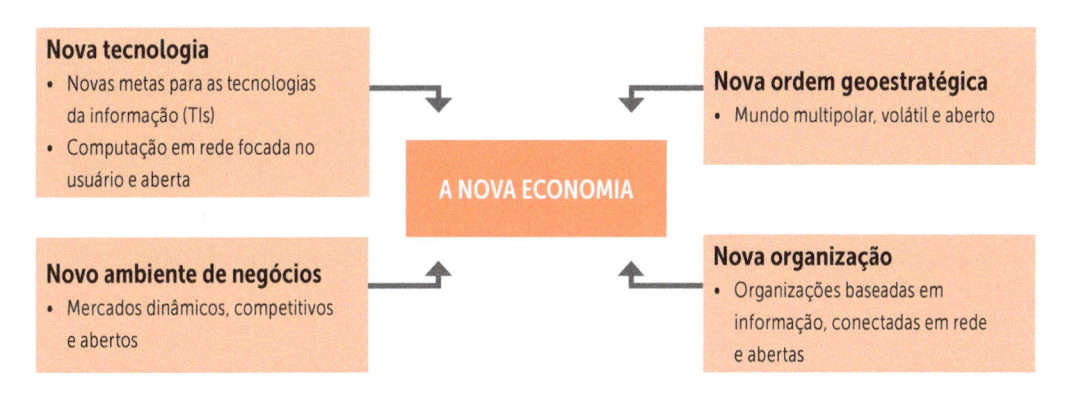

Nova tecnologia
- Novas metas para as tecnologias da informação (TIs)
- Computação em rede focada no usuário e aberta

Nova ordem geoestratégica
- Mundo multipolar, volátil e aberto

A NOVA ECONOMIA

Novo ambiente de negócios
- Mercados dinâmicos, competitivos e abertos

Nova organização
- Organizações baseadas em informação, conectadas em rede e abertas

Fonte: Elaborado com base em Ipinza, 2013, p. 102, tradução nossa.

Os elementos que sustentam a nova economia influenciam as organizações e devem ser considerados na definição da estratégia como posição. Isso ocorre porque a posição representa a forma como a empresa se relaciona com o ambiente. Tais elementos têm um potencial tão alto que estão determinando comportamentos de ajustamento e adaptação por parte das empresas.

2.1.2 ANÁLISE DO CONTEXTO NACIONAL: COMPETITIVIDADE, POSTULADOS DE PORTER E ESTRUTURA DO AMBIENTE

Na análise do contexto do macroambiente, após as considerações acerca dos impactos provocados pelas relações internacionais e pelos determinantes de uma economia global, faz-se necessário direcionar a análise para o próximo nível, que é a do contexto nacional, uma vez que os países se tornaram mais – e não menos – importantes (Porter, 1999). Segundo Porter (1999, p. 167), "as diferenças nos valores nacionais, a cultura, as estruturas econômicas, as instituições e a história são fatores que contribuem para êxito competitivo".

Uma questão que é natural e foi objeto de muitas análises e discussões sobre o contexto nacional é justamente saber o que é competitividade nacional.

Muitas hipóteses foram levantadas sobre os fatores determinantes da competitividade nacional, mas, para Porter (1999, p. 172), após o desenvolvimento de uma pesquisa sobre os países de melhor desempenho competitivo,

> O único conceito significativo de competitividade no nível nacional é a produtividade. O principal objetivo de um país consiste em proporcionar um padrão de vida elevado e crescente para os cidadãos. A capacidade para tanto depende da produtividade em que o trabalho e o capital atuam. [...] A produtividade é o principal determinante do padrão de vida de longo prazo do país; é a causa primordial da renda per capita nacional. A produtividade dos recursos humanos determina o salário dos empregados, a do capital estabelece o retorno gerado para seus detentores.

Na Figura 2.3 podemos verificar os elementos que estão associados à competitividade, segundo Porter (1999). Para Porter (2016), a competitividade de um país depende de (ou é formada por) dois elementos: a produtividade e a utilização do trabalho. A **produtividade** está relacionada ao nível de produtividade do trabalho do país, à produtividade do capital e à produtividade total dos fatores. A **utilização do trabalho** se refere à taxa de participação da força de trabalho, que se dá pelo perfil etário da população, e às horas de trabalho utilizadas.

FIGURA 2.3 – OS ELEMENTOS DUPLOS DA COMPETITIVIDADE

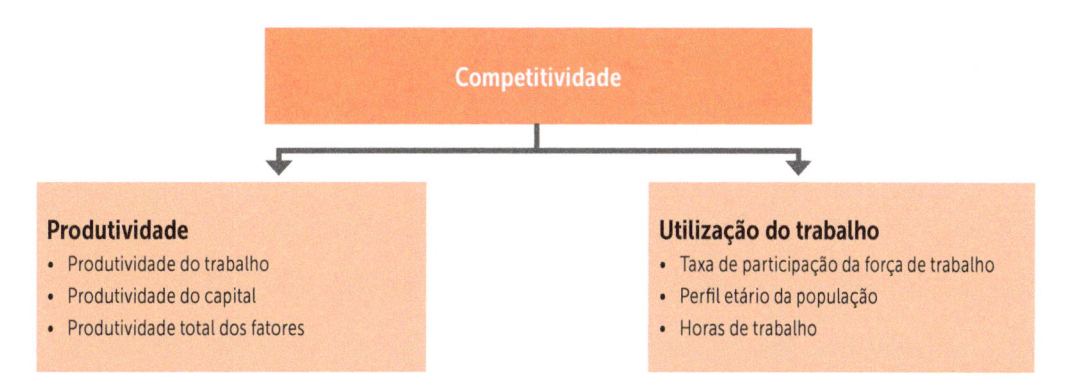

```
                    Competitividade
                   ↙              ↘
       Produtividade              Utilização do trabalho
       • Produtividade do trabalho        • Taxa de participação da força de trabalho
       • Produtividade do capital         • Perfil etário da população
       • Produtividade total dos fatores  • Horas de trabalho
```

Fonte: Porter, 2016, tradução nossa.

Os atributos de um país podem ser determinantes para que as empresas nele localizadas possam promover inovações consistentes. Porter (1999) apresenta quatro amplos atributos ou fortalezas do poder nacional que, isolados e/ou atuantes como sistema, lapidam o que ficou conhecido como *diamante de Porter* da vantagem nacional, o campo de atuação que cada país estabelece para os setores econômicos.

A Figura 2.4 apresenta esses quatro atributos e as interações que eles mantêm entre si. Na sequência, com base na leitura de Ipinza (2013), descrevemos de maneira sucinta mas suficiente, cada componente do "diamante".

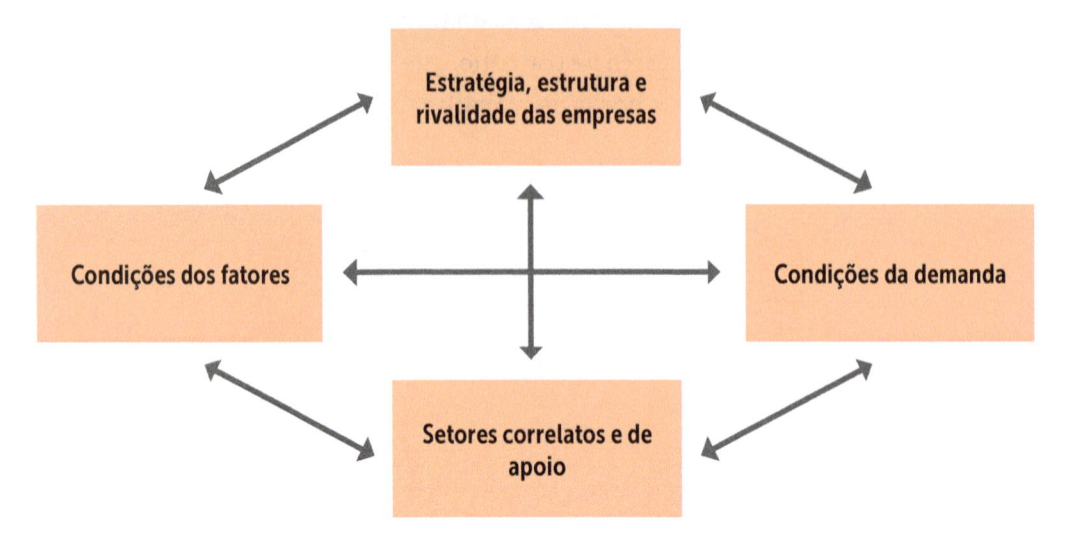

FIGURA 2.4 – DETERMINANTES DA VANTAGEM COMPETITIVA NACIONAL

```
                  ┌─────────────────────────┐
                  │  Estratégia, estrutura e │
              ──→ │  rivalidade das empresas │ ←──
              │   └─────────────────────────┘    │
              │              ↕                   │
┌──────────────────┐                  ┌──────────────────┐
│   Condições      │ ←──────────────→ │   Condições      │
│   dos fatores    │                  │   da demanda     │
└──────────────────┘                  └──────────────────┘
              │              ↕                   │
              │   ┌─────────────────────────┐    │
              ──→ │  Setores correlatos e de │ ←──
                  │         apoio            │
                  └─────────────────────────┘
```

Fonte: Porter, 1999, p. 179.

1. **Condições dos fatores**: referem-se à situação atual do país, da região ou do estado, em relação aos fatores de produção, como recursos naturais (a localização geográfica e a qualidade da terra; humanos, a mão de obra e o conhecimento; e o capital), infraestrutura (material, administrativa, científica e tecnológica etc.) e demais bens ou serviços necessários para competir num determinado setor (medidos em quantidade e custos, qualidade e especialização). Cada nação dispõe de *fatores de produção* – termo criado pelos economistas – que lhe permitem entrar para competir em qualquer indústria. Esses fatores são importantes para a vantagem competitiva das empresas dos países e são mais complexos do que podem parecer. Os fatores mais importantes das vantagens competitivas nos países desenvolvidos são criados e não herdados, como ocorre nos países em desenvolvimento; portanto, é necessário criar, melhorar e especializar-se para competir em nível global.

2. **Condições da demanda**: diz respeito à natureza dos clientes de acordo com o produto do setor no mercado

(se estão informados, se são exigentes, se existem segmentos especializados, se apresentam outros requisitos). Três atributos da demanda são significativos: a composição ou natureza das necessidades dos compradores; o tamanho e o padrão do crescimento da demanda interna; e os meios pelos quais as preferências domésticas de uma nação são transmitidas aos mercados estrangeiros. De acordo com Porter (1999), a qualidade da demanda interna é mais importante que a quantidade para determinar uma vantagem competitiva.

3. **Estratégia, estrutura e rivalidade das empresas**: são as condições do país (as quais regem a criação, a organização e a gestão) e a concorrência (se há legislação, se são fomentados o investimento e a melhora contínua, se a concorrência é forte etc.) Os objetivos, as estratégias e as formas de as firmas se organizarem nas indústrias variam amplamente entre as nações. Por isso, deve haver uma boa relação entre as empresas e os recursos alocados, tendo em vista o que afetará as empresas e a nação. Por outro lado, não existe um sistema administrativo apropriado que seja universal.

4. **Setores relacionados e de apoio**: indicam presença ou ausência de fornecedores e/ou afins no país (se são competitivos internacionalmente, se estão capacitados, se têm presença local, se apresentam os requisitos necessários etc.). A presença de indústrias competitivas numa mesma nação, as quais estejam inter-relacionadas, é comum. A localização das indústrias fornecedoras e competitivas internacionalmente dentro de uma nação irradia vantagens para muitos. Considerar esses fatores na avaliação do ambiente pode significar alcance de eficiência, prontidão, rapidez e, às vezes, acesso preferencial aos custos de entrada.

Porter (1999, p. 178) afirma que "esses determinantes constituem o ambiente nacional em que as empresas nascem e aprendem a competir" (Figura 2.4).

> Cada ponto no "diamante" – e o "diamante" como sistema – afeta os ingredientes essenciais para a consecução do sucesso competitivo internacional: a disponibilidade dos recursos e habilidades indispensáveis à vantagem competitiva num setor; as informações que moldam as oportunidades percebidas e as direções em que alocam seus recursos e habilidades; os objetivos dos proprietários, gerentes e pessoas na empresa; e, mais importante, as pressões para o investimento e a inovação. (Porter 1999, p. 178)

Essa análise favorece a definição da estratégia como posição, pois o principal objetivo desta (relação da empresa com o ambiente) é a conquista de uma vantagem competitiva (conceito que trabalharemos profundamente em tópico mais à frente neste capítulo).

> Quando o ambiente nacional possibilita e apoia a acumulação mais rápida de ativos e habilidades especializados [...], as empresas conquistam a vantagem competitiva. Quando fomenta melhores informações e insights contínuos, as empresas conquistam a vantagem competitiva. Finalmente, quando pressiona as empresas no rumo da inovação e dos investimentos, elas não só conquistam a vantagem competitiva, como ainda ampliam esta vantagem ao longo do tempo. (Porter, 1999, p. 179)

Na estrutura ambiental, a análise competitiva do país é a continuação da análise externa internacional e parte de um ambiente que, embora esteja um pouco mais próximo da empresa, ainda é considerado o macroambiente. Ela deve focalizar a influência que esse nível macro do ambiente tem sobre a organização que está realizando o estudo (ou análise) e para a qual está sendo desenvolvida a análise estratégica. A análise desse nível ambiental (contexto nacional) também visa encontrar as oportunidades e ameaças com as quais esse nível do ambiente influencia a organização que está sendo estudada.

Em resumo, tanto a avaliação do ambiente no contexto global, com as relações internacionais, quanto a análise competitiva do país dizem respeito ao macroambiente. A importância e o nível de detalhamento da análise do macroambiente devem considerar as influências que têm sobre a organização estudada.

2.1.3 FERRAMENTAS DE AVALIAÇÃO DO MACROAMBIENTE

As ferramentas mais adequadas para a análise dos contextos internacional e nacional – os dois primeiros níveis da estrutura ambiental de uma empresa, necessários, mas não suficientes ainda – para a definição precisa da estratégia como posição são as seguintes: análise Pestel, matriz de avaliação de fatores externos (Mafe) e análise do diamante de Porter. O resultado da aplicação dessas ferramentas de análise é a definição das oportunidades e ameaças prioritárias com as quais o macroambiente (contextos internacional e nacional) influencia a organização em análise estratégica.

ANÁLISE PESTEL

A análise Pestel é a análise das variáveis associadas aos seguintes fatores:

- P – políticos
- E – econômicos
- S – sociais
- T – tecnológicos
- E – ecológicos
- L – legais

A essência da análise Pestel consiste em explorar o ambiente macro (internacional e nacional) para identificar e avaliar as tendências e os eventos que estão fora do controle imediato da organização. O propósito da análise é fornecer informação relevante aos gestores, tanto para iniciar o processo que conduz à formulação de estratégias que permitam tirar vantagem das oportunidades quanto para evitar e/ou reduzir o impacto das ameaças.

A análise externa do macroambiente, com a utilização da Pestel, estará concluída com a lista de oportunidades oferecidas pelo ambiente que podem ser aproveitadas e com a lista de ameaças do mesmo ambiente macro que devem ser evitadas ou neutralizadas.

Normalmente, os fatores mencionados são analisados da seguinte forma:

- **Fatores políticos e legais**: são os fatores que determinam as regras, tanto formais quanto informais, sob as quais a organização deve funcionar. Muitas vezes, as variáveis que se referem a esses fatores são as mais importantes da avaliação externa em razão do grau de influência que têm sobre as atividades do negócio, de seus fornecedores e de seus clientes. Esses fatores estão associados ao processo de poder em torno da organização, aos acordos relacionados com os propósitos da organização, assim como ao conflito de interesses entre os agentes envolvidos. Nesse cenário são identificadas as resistências por parte dos grupos de poder, o que determina um conjunto de variáveis como as sugeridas no Quadro 2.1, as quais estabelecem os limites para o desempenho das empresas. Essas variáveis também devem ser desenvolvidas e avaliadas para descobrir se surgem oportunidades e/ou ameaças na organização.

QUADRO 2.1 – VARIÁVEIS POLÍTICAS E LEGAIS

Principais	Secundárias
• Ambiente político	• Partidos políticos no poder
• Política monetária	• Sistema de governo
• Política fiscal	• Política de subsídios
• Regulamentações governamentais	• Defesa da livre concorrência
• Legislação trabalhista	• Ameaças de expropriação
• Legislação tributária	• Orçamento público e governamental
• Legislação ambiental	• Defesa da propriedade intelectual
• Segurança jurídica	• Segurança e ordem interna
• Corrupção	• Situação política mundial
• Contrabando	• Relações com o governo
• Informalidade	• Leis internacionais e direitos humanos
• Relações com órgãos públicos	• Relações com órgãos internacionais

Fonte: Ipinza, 2013, p. 109, tradução nossa.

- **Fatores econômicos (e financeiros)**: são aqueles que determinam as tendências macroeconômicas, as condições de financiamento e as decisões de investimentos. Têm uma incidência direta no poder aquisitivo dos clientes da organização e são de especial importância para as atividades relacionadas com o comércio internacional (exportação e importação). Nos últimos anos, esses fatores têm sido os de maior relevância para a gestão da organização, graças às flutuações que as variáveis que lhes estão associadas experimentaram em nível global. Outro aspecto importante é que as decisões de investimento dos agentes de mercado são cada vez mais voláteis e imprevisíveis, o que adiciona um fator de incerteza para as organizações. No Quadro 2.2 são apresentadas algumas das variáveis que devem ser desenvolvidas e avaliadas para identificar se oferecem oportunidades e/ou ameaças para a organização.

QUADRO 2.2 – VARIÁVEIS ECONÔMICAS E FINANCEIRAS

Principais	Secundárias
• Evolução do Produto interno Bruto (PIB) Nacional e PIB *per capita* • Evolução do poder aquisitivo do consumidor • Taxa de juros • Inflação • Custo de capital e da dívida • Custo da mão de obra • Custo de matérias-primas • Nível de informalidade da economia • Carga tributária • Risco-país • Acordos de integração e cooperação econômica	• Comportamento da demanda de bens e serviços • Flutuação de preços • Sistema econômico • Acesso ao crédito do sistema financeiro • Volume de investimento estrangeiro • Práticas monopolísticas • Déficit fiscal • Atividade dos mercados em bolsa • Situação da economia mundial • Situação da balança comercial • Relação com organismos internacionais (FMI, BID, BM)

Fonte: Ipinza, 2013, p. 110, tradução nossa.

- **Fatores sociais (culturais e demográficos)**: envolvem crenças, valores, atitudes, opiniões e estilos de vida desenvolvidos com base nas condições sociais, culturais, demográficas, étnicas e religiosas que existem no ambiente da organização. Esses fatores definem o perfil do consumidor, determinam o tamanho dos mercados, orientam os hábitos de compra, afetam o comportamento organizacional e criam paradigmas que influenciam nas decisões dos clientes. No mundo globalizado, onde as fronteiras econômicas tendem a desaparecer, a influência das variáveis é muito diferente de país para país e elas devem ser avaliadas segundo as particularidades de cada realidade, respeitando-se as diferenças e demonstrando-se tolerância em face dos contrastes, levando-se em conta o jargão "pensar globalmente e atuar localmente". Essas variáveis devem ser desenvolvidas e avaliadas, buscando-se identificar as oportunidades e/ou ameaças na organização. O Quadro 2.3 apresenta os exemplos principais e secundários das variáveis associadas a esses fatores.

QUADRO 2.3 – VARIÁVEIS SOCIAIS, CULTURAIS E DEMOGRÁFICAS

Principais	Secundárias
• Taxa de crescimento populacional	• Esperança de vida
• Taxa de desemprego e subemprego	• Taxa de mortalidade
• Incidência da pobreza e da pobreza extrema	• Taxa de imigração e emigração
• Distribuição de renda na população	• Papéis sociais segundo a idade e o gênero
• Taxa de analfabetismo	• Valores e ética
• Nível médio educacional	• Responsabilidade social
• Cultura e idiossincrasia	• Uso do tempo livre
• Estilos de vida da população	• Conflitos religiosos e étnicos
	• Qualidade de vida da população
	• Atitude em direção à globalização

Fonte: Ipinza, 2013, p. 110, tradução nossa.

- **Fatores tecnológicos (e científicos)**: são caracterizados pela velocidade da mudança, pela inovação científica permanente, pela aceleração do progresso tecnológico e pela ampla difusão do conhecimento, que originam uma imperiosa necessidade de adaptação e evolução. O impacto das variáveis tecnológicas e científicas no ambiente é ampla, pois elas: modificam as regras da concorrência, tornam obsoletas as práticas de gestão tradicionais, reduzem ou eliminam as barreiras de entrada dentro de um setor industrial, perturbam as estruturas existentes, redefinem os desenhos de terceirização, geram novas oportunidades de negócio e influenciam as decisões de terceirização de atividades; em suma, ocasionam a ruptura do *status quo* das organizações. Dependendo da capacidade da organização para se adequar às mudanças, os fatores aqui considerados podem se converter em fonte real de vantagem competitiva sustentável. O Quadro 2.4 apresenta as variáveis principais e secundárias que estão associadas a esses fatores.

QUADRO 2.4 – VARIÁVEIS TECNOLÓGICAS E CIENTÍFICAS

Principais	Secundárias
• Estado da arte	• Estudos de biotecnologia
• Velocidade de transferência de tecnologia	• Avanço na ciência dos materiais
• Investimento em pesquisa e desenvolvimento (P&D)	• Desenvolvimento e integração de soluções informatizadas
• Desenvolvimento das comunicações	• Melhorias e inovações tecnológicas
• Uso de tecnologia de informação	• Aplicações multimídia
• Avaliação do número de patentes	• Automatismos
• Uso da internet	

Fonte: Ipinza, 2013, p. 111, tradução nossa.

- **Fatores *ecológicos* (e ambientais)**: é inegável a importância que a consciência ecológica e a preservação do meio ambiente tiveram nas últimas décadas, tanto como preocupação de primeira ordem para a humanidade quanto como responsabilidade com as gerações futuras. As variáveis ecológicas e ambientais são impulsionadas por instituições que lutam para preservar o equilíbrio do ecossistema, alertando sobre os efeitos nocivos da industrialização, contra o corte de bosques tropicais, contra a destruição de espécies em perigo de extinção, contra a emissão de gases tóxicos e contra o armazenamento de rejeitos radioativos. Nesse sentido, afetam as decisões da organização em aspectos operacionais, legais, de imagem e até mesmo comerciais, dependendo do tipo de indústria ao qual a comunidade pertence. As variáveis apresentadas no Quadro 2.5 devem ser desenvolvidas e avaliadas, buscando-se verificar se geram oportunidades e/ou ameaças para a organização.

QUADRO 2.5 – VARIÁVEIS ECOLÓGICAS E AMBIENTAIS

Principais	Secundárias
• Proteção do meio ambiente • Preservação dos recursos naturais não renováveis • Ameaça de desastres naturais • Cultura de reciclagem • Manejo de desperdícios e descartes • Conservação de energia	• Presença de movimentos ambientalistas • Contaminação do ar, da água e da terra • Proteção da biodiversidade (flora e fauna) • Deterioração da camada de ozônio

Fonte: Ipinza, 2013, p. 112, tradução nossa.

Com base na análise de cada grupo de variáveis, associadas aos fatores descritos, é necessário realizar, mediante estudos prospectivos, a identificação da tendência mais provável para cada variável. Os estrategistas ou analistas estratégicos devem procurar, como dito, visualizar e definir quais oportunidades e/ou ameaças cada tendência oferece para a organização em análise.

O modelo apresentado no Quadro 2.6 sugere uma forma de sistematização da finalização da análise Pestel numa organização. Trata-se de um exemplo de caráter apenas ilustrativo, para facilitar o entendimento.

A variáveis a serem indicadas no Quadro 2.6 (análise Pestel) devem ser as mais importantes para a organização no presente e/ou no futuro. O processo de análise demanda muitas informações, razão pela qual devem ser priorizadas as variáveis que reconhecidamente são as mais importantes em termos estratégicos para a organização. Uma vez pinçadas as variáveis mais relevantes, deve ser analisada e identificada a tendência (uma tendência apenas) mais provável, com base na qual a discussão dos especialistas, sempre com fundamentação em dados, deve apontar quais oportunidades e/ou ameaças a variável, comportando-se de acordo com a tendência prevista, oferece para a organização.

QUADRO 2.6 – ANÁLISE PESTEL

Fatores	Variáveis	Tendência	Oportunidades	Ameaças
Políticos e legais				
Econômicos e financeiros				
Sociais, culturais e demográficos	Taxa de crescimento populacional	Aumento	Aumento da demanda para a empresa	Aumento de concorrência no setor
Tecnológicos e científicos				
Ecológicos e ambientais				

No exemplo, utiliza-se uma variável (taxa de crescimento populacional) que diz respeito ao fator demográfico. A tendência que foi identificada como mais provável é a de aumento da população da área de abrangência da empresa em análise, que pode ser um bairro, uma cidade, uma região, um país etc. Essa tendência, uma vez confirmada, oferecerá para a empresa uma oportunidade, que é a de aumento da demanda de seus produtos, mas, ao mesmo tempo, poderá oferecer uma ameaça, que é a atração de novos concorrentes, ou seja, o aumento da concorrência. Essa lógica deve ser aplicada para cada variável identificada como relevante para a análise da empresa para a qual está sendo desenvolvido o estudo.

MATRIZ DE AVALIAÇÃO DE FATORES EXTERNOS (MAFE) – OPORTUNIDADES E AMEAÇAS

A finalidade da avaliação do ambiente macro é, como vimos, criar uma lista definida tanto das oportunidades que poderiam beneficiar uma organização quanto das ameaças que devem ser evitadas. O objetivo da avaliação externa não é elaborar uma lista exaustiva de todos os fatores que possam vir a influenciar a organização; o principal objetivo é identificar as variáveis mais importantes.

É para isso que a Mafe é utilizada. Essa matriz permite aos estrategistas resumir e avaliar as seguintes informações: políticas/governamentais (P); econômicas e financeiras (E); sociais, culturais e demográficas (S); tecnológicas e científicas (T); ecológicas e ambientais (E) e legais (L), que são o resultado da análise Pestel. Em seguida, esses resultados são quantificados na identificação das oportunidades e ameaças que são oferecidas pelo ambiente. As organizações devem responder a esses fatores de maneira tanto ofensiva quanto defensiva.

Os passos para desenvolver a Mafe são os seguintes:

1. Transpor a lista de oportunidades identificadas na análise Pestel (do Quadro 2.6) para a coluna de oportunidades do Quadro 2.7 (de avaliação das oportunidades prioritárias).
2. Transpor a lista de ameaças identificadas na análise Pestel (Quadro 2.6) para a coluna de ameaças do Quadro 2.8 (de avaliação das ameaças prioritárias).
3. Avaliar tanto as oportunidades quanto as ameaças (Quadro 2.7 e Quadro 2.8, respectivamente) em relação ao grau de probabilidade de ocorrência de cada oportunidade e de cada ameaça. A escala a ser utilizada vai de 1 a 5, em que: 1 = muito baixo grau de probabilidade; 2 = baixo grau de probabilidade; 3 = médio grau de probabilidade; 4 = alto grau de probabilidade; e 5 = muito alto grau de probabilidade de ocorrência.
4. Avaliar o impacto das oportunidades na organização (Quadro 2.7). A escala a ser utilizada também vai de 1 a 5, devendo-se responder à seguinte pergunta: "Concretizando-se a oportunidade, em que medida ela impactará o negócio?". A resposta deve ser um dos seguintes valores: 1 = impacto muito baixo; 2 = impacto baixo; 3 = impacto médio; 4 = impacto alto; e 5 = impacto muito alto.
5. Avaliar o impacto das ameaças na organização (Quadro 2.8). A escala a ser utilizada também vai de 1 a 5, devendo-se responder à seguinte pergunta: "Concretizando-se a ameaça, em que medida ela impactará o negócio?". A resposta deve ser um dos seguintes valores: 1 = impacto muito baixo; 2 = impacto baixo; 3 = impacto médio; 4 = impacto alto; e 5 = impacto muito alto.
6. Avaliar as oportunidades e as ameaças prioritárias (Quadro 2.7 e Quadro 2.8, respectivamente), multiplicando-se o grau de probabilidade de ocorrência de cada oportunidade e de cada ameaça pelo impacto que cada uma provoca no negócio da organização em estudo.

7. A pontuação máxima tanto para oportunidades quanto para ameaças, portanto, é de 25 pontos. O ponto de corte dependerá da quantidade de oportunidades e ameaças que se deseja continuar trabalhando na análise. Porém, independentemente do corte, serão levadas para a continuidade da análise somente as oportunidade e ameaças prioritárias para a organização, as quais exigirão uma resposta (tanto ofensiva quanto defensiva).

QUADRO 2.7 – PRIORIZAÇÃO DAS OPORTUNIDADES – MAFE-OPORTUNIDADES

Oportunidades	Probabilidade de ocorrência muito alta = 5 média = 3 muito baixa = 1	Impacto – Concretizando-se a oportunidade, quanto o item afetaria o negócio. Oportunidade					Prioridade (probabilidade de ocorrência *versus* impacto)
		5 muito alto	4 alto	3 médio	2 baixo	1 muito baixo	

QUADRO 2.8 – PRIORIZAÇÃO DAS AMEAÇAS – MAFE-AMEAÇAS

Ameaças	Probabilidade de ocorrência muito alta = 5 média = 3 muito baixa = 1	Impacto – Concretizando-se a oportunidade, quanto o item afetaria o negócio.					Prioridade (probabilidade de ocorrência *versus* impacto)
		Oportunidade					
		5 muito alto	4 alto	3 médio	2 baixo	1 muito baixo	

O Quadro 2.8 reproduz a mesma lógica da análise apresentada no Quadro 2.7, conforme o que foi explicado na descrição dos passos para a Mafe. No entanto, naquele, no lugar de priorizar as oportunidades, o objetivo passa a ser a priorização das ameaças.

2.2 ANÁLISE DA INDÚSTRIA (OU ANÁLISE SETORIAL)

Dando continuidade à nossa trajetória de análise da estrutura ambiental das organizações, vamos tratar agora da análise do microambiente, também chamada de *análise do ambiente setorial*, ou *análise do ambiente da indústria*, ou, ainda, como é possível encontrar em algumas publicações, *análise do ambiente-tarefa*.

Essas denominações acabam por ser equivalentes, pois todas se referem à análise do ambiente ainda externo, mas que já se encontra mais próximo da organização. As variáveis que fazem parte desse nível do ambiente externo apresentam duas características importantes:

1. são variáveis que influenciam e impactam o comportamento e o resultado[2] das empresas, assim como as variáveis do ambiente macro;
2. essas variáveis podem ser influenciadas pelas empresas (aqui se encontra a diferença em relação às variáveis do macroambiente). Ou seja, elas podem ser moldadas de maneira a favorecer o desempenho das organizações que atuam nesse ambiente.

Por isso, esse nível ambiental determina o nível competitivo enfrentado pelas empresas. A empresa que melhor conseguir influenciar as variáveis do microambiente a seu favor provavelmente será a empresa que, com maior facilidade, alcançará vantagem competitiva em relação aos concorrentes.

O grande objetivo de uma estratégia como posição é a definição de como a empresa vai se relacionar com o seu ambiente. Uma das principais relações a serem definidas é a maneira pela qual a empresa pretende competir no ambiente, e o foco da competição é a maximização da criação de valor. Para isso, em primeiro lugar, para que tenha lucro, a empresa deve criar valor para os clientes; portanto, previamente ela necessita compreender o que os clientes desejam. Em segundo lugar, para criar valor, a empresa adquire bens e serviços de seus fornecedores; para tanto, ela também deve compreender seus fornecedores e a forma como estabelecer relações comerciais com eles. Em terceiro lugar, a habilidade para gerar rentabilidade mediante a criação de valor depende da intensidade da concorrência entre as empresas que são rivais pelas mesmas oportunidades de criação de valor; logo, a empresa também deve conhecer a concorrência.

Em resumo, o núcleo do ambiente setorial ou da indústria é formado por três tipos de jogadores: **clientes**,

---

2 Trata-se do desempenho das organizações, seja qual for: lucro, rentabilidade, lucratividade, criação de valor, atendimento das expectativas da sociedade etc.

fornecedores e **concorrentes**. Esse é o ambiente setorial (Grant, 2006).

Realizar a análise do nível setorial não significa que os fatores de nível macro – como as tendências da economia, as mudanças na estrutura demográfica ou as tendências políticas e sociais – carecem de importância na análise estratégica. Estes fatores, como discutimos anteriormente, podem ser determinantes críticos das oportunidades e das ameaças que uma empresa enfrentará no futuro.

A questão-chave é: "Como esses fatores do ambiente mais geral afetam o ambiente setorial da empresa?" (Figura 2.5).

Grant (2006) exemplifica essa ideia afirmando que, para a maior parte das empresas, o aquecimento global do planeta não é uma questão crítica (ao menos no prazo dos próximos cem anos); por outro lado, para as empresas automobilísticas, são cruciais as implicações que o aquecimento global tem para os impostos sobre a gasolina e as restrições ao emprego de combustíveis fósseis. No entanto, ao se analisar o impacto potencial do aquecimento global, as empresas automobilísticas devem considerar as implicações dele para o ambiente setorial e, em concreto, responder às seguintes questões:

- Qual será o impacto sobre a demanda?
- Os consumidores se sentirão inclinados a utilizar carros que são movidos a combustível mais eficiente ou abandonarão a gasolina em benefício dos veículos elétricos?
- O transporte público será substituído pelo privado?
- Haverá uma incorporação de fabricantes de veículos elétricos no setor automobilístico?
- Os elevados cursos de P&D associados à adaptação de veículos no novo desafio do ambiente provocará uma consolidação do setor?

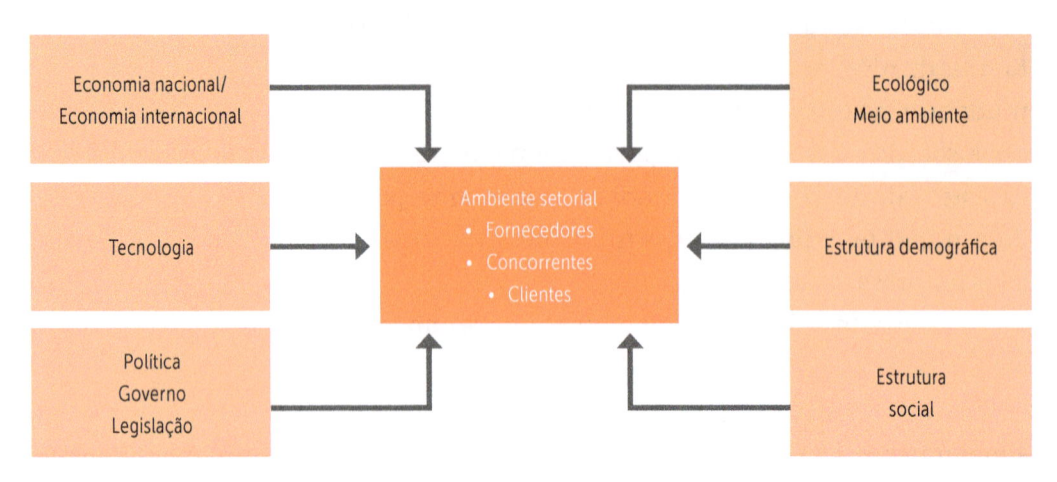

FIGURA 2.5 – DA ANÁLISE DO MACROAMBIENTE À ANÁLISE SETORIAL

```
[Economia nacional/          [Ecológico
 Economia internacional]      Meio ambiente]

[Tecnologia]   →   [Ambiente setorial   ←   [Estrutura demográfica]
                    • Fornecedores
                    • Concorrentes
                    • Clientes]

[Política                    [Estrutura
 Governo                      social]
 Legislação]
```

Fonte: Grant, 2006, p. 104, tradução nossa.

2.2.1 DETERMINANTES DO LUCRO NO SETOR: DEMANDA E CONCORRÊNCIA

O autor Robert Grant (2006) desenvolveu suas reflexões sobre os fatores determinantes do lucro no setor afirmando que, se o propósito da estratégia é ajudar a empresa a sobreviver e "dar dinheiro", o ponto de partida para a análise setorial se resume a uma pergunta: "o que determina o nível de lucro num setor?".

Como já foi comentado, um negócio consiste em criar valor para os clientes, seja por meio da produção (transformando *inputs* em *outputs*[3]), seja mediante o comércio. O valor é criado quando o preço que o cliente está disposto a pagar é maior que os custos que a empresa suportou. Entretanto, a criação de valor não se transforma diretamente em lucro. O excedente de valor sobre o custo é distribuído entre clientes e fornecedores de acordo com a intensidade da concorrência.

---

3   *Inputs* são todos os insumos utilizados por uma empresa – ou seja, são os recursos consumidos – que se caracterizam como a estrutura de custos necessários para gerar produtos ou serviços, que, por sua vez, são os *outputs* da organização. São esses produtos ou serviços que despertarão a disposição a pagar do mercado. Quanto maior for a diferença entre a disposição a pagar e o custo gerado, maior será o nível de valor criado.

Quanto maior for a concorrência entre as empresas do setor, maior será o excedente dos clientes (excedente do consumidor, ou diferença entre o preço realmente pago pelos clientes e o preço máximo que estavam dispostos a pagar) e menor será o excedente do produtor ou a renda econômica. Um único fornecedor de água engarrafada numa festa noturna pode cobrar um preço que explora a sede das pessoas; se houver vários fornecedores, na ausência de colisão, a concorrência fará cair o preço, que tenderá a se aproximar do custo de fornecimento.

O excedente ganho pelos produtores acima dos custos mínimos de produção não se converte integralmente em lucro. Quando num setor existem fornecedores muito poderosos – fornecedores monopolistas de componentes ou empregados afiliados a um sindicato forte –, estes podem se apropriar de uma parte substancial do excedente (em forma de lucros para os fornecedores ou de salários mais elevados para os membros do sindicato).

Em resumo, para Grant (2006), o lucro obtido pelas empresas num setor é determinado por três fatores:

1. o valor do produto para o cliente;
2. a identidade da concorrência;
3. o poder de negociação dos produtores em relação a seus fornecedores.

A análise do setor inclui esses três fatores num único esquema analítico.

ANÁLISE DA ATRATIVIDADE SETORIAL

Quando analisamos os dados históricos do comportamento da rentabilidade em diferentes setores da economia (em qualquer país), podemos perceber que alguns setores apresentam de maneira continuada altas taxas de rentabilidade. Outros setores do mesmo país, e no mesmo período, apresentam resultados que não chegam a cobrir o custo de capital das empresas do respectivo setor.

A premissa essencial subjacente à análise setorial é que o nível de rentabilidade do setor não é fruto da sorte ou de qualquer outro fator fortuito, sendo determinado, na verdade, pela própria estrutura setorial (Grant, 2006).

No Gráfico 2.1, podemos observar a diferença de nível de rentabilidade entre os diversos setores da economia dos Estados Unidos, no período de 1990 a 2010, com dados da Standard & Poor e da Compustat. Cynthia Montgomery (2012), em análise do Gráfico 2.1, chama a atenção para o fato de que o nível de rentabilidade de cada setor é a rentabilidade média. Há empresas, líderes do setor, que se saem melhor ainda, apresentando rentabilidade bem acima da média. Como é possível notar, o desempenho dos setores mais lucrativos chega a ser o dobro dos setores medianos e quatro a cinco vezes maior que o dos setores menos rentáveis.

GRÁFICO 2.1 – LUCRO RELATIVO POR SETOR: 1990-2010 – RETORNO SOBRE O PATRIMÔNIO LÍQUIDO

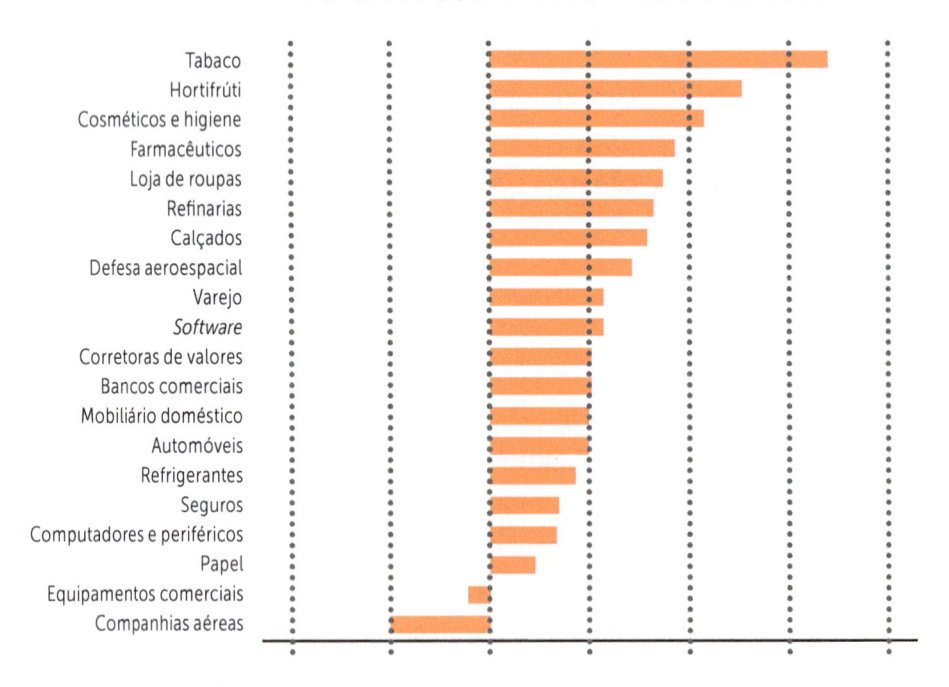

- Tabaco
- Hortifrúti
- Cosméticos e higiene
- Farmacêuticos
- Loja de roupas
- Refinarias
- Calçados
- Defesa aeroespacial
- Varejo
- Software
- Corretoras de valores
- Bancos comerciais
- Mobiliário doméstico
- Automóveis
- Refrigerantes
- Seguros
- Computadores e periféricos
- Papel
- Equipamentos comerciais
- Companhias aéreas

Fonte: Montgomery, 2012, p. 81.

Essas diferenças entre os setores não são aleatórias, pois são muito grandes. Elas são causadas por diferenças na estrutura de cada setor.

A área teórica que explica que a estrutura setorial condiciona o comportamento competitivo e determina a rentabilidade num setor diz respeito à economia industrial. As duas referências-chave são a teoria do monopólio e a teoria da concorrência perfeita, que representam os extremos do espectro de estruturas setoriais:

- Uma única empresa num setor, protegida de outras empresas por barreiras, possui um monopólio e pode se apropriar de todo o valor que cria em forma de lucro.
- Por sua vez, num setor em que há muitas empresas fornecedoras de um produto idêntico e que não apresenta restrições para a entrada ou a saída do setor, existe concorrência perfeita: normalmente, a lucratividade cai a um nível que somente cobre o custo de capital da empresa.

Na prática, os setores se encontram entre esses dois extremos.

O Quadro 2.9 identifica as principais características estruturais de um setor, assim como suas interações. É possível prever o tipo de comportamento competitivo que provavelmente venha a surgir e o nível resultante de rentabilidade (Grant, 2006).

QUADRO 2.9 – O ESPECTRO DE ESTRUTURAS SETORIAIS

	Concorrência perfeita	Oligopólio	Duopólio	Monopólio
Concentração	Muitas empresas	Poucas empresas	Duas empresas	Uma empresa
Barreiras de entrada e saída	Não há barreiras	Barreiras significativas		Barreiras altas
Diferenciação do produto	Produto homogêneo	Potencial para a diferenciação do produto		
Informação disponível	Informação perfeita	Informação imperfeita		

Fonte: Grant, 2006, p. 109, tradução nossa.

No Quadro 2.9 são indicadas quatro variáveis estruturais que influenciam a concorrência e a rentabilidade dos setores. A depender da estrutura de mercado, as variáveis apresentam comportamentos distintos:

1. podem influenciar o nível de pressão sobre a rentabilidade oferecida pelo setor, o que pode, em determinados momentos, oferecer facilidades para a obtenção de receitas ou até mesmo o aumento da receita e, em outros, oferecer uma pressão sobre os custos das empresas do setor;
2. podem favorecer a obtenção de maior ou menor rentabilidade para as empresas que atuam no setor.

Na prática, no entanto, há muitas características num setor que podem influenciar ou determinar a intensidade da concorrência e o nível de rentabilidade. O professor Michael Porter, da Harvard Business School, buscando compreender a dinâmica dos setores e das empresas dentro destes, desenvolveu um modelo que se mostrou muito útil e amplamente usado para classificar e analisar os fatores que podem influenciar o nível de rentabilidade das empresas num setor de atuação e, consequentemente, mostrar se o setor será mais ou menos atrativo. Um setor é atrativo quando os fatores que o envolvem se articulam de maneira a oferecer um alto nível de rentabilidade e é pouco atrativo quando os mesmos fatores estão articulados de maneira a oferecer um baixo nível de rentabilidade. No próximo item, analisaremos o modelo desenvolvido por Porter (1980).

MODELO DAS CINCO FORÇAS COMPETITIVAS DE PORTER

O conhecido modelo das cinco forças competitivas considera que a rentabilidade de um setor (taxa de rentabilidade dos capitais investidos em relação ao custo de capital) é determinada por cinco fontes de pressão competitiva.

Entre essas cinco forças competitivas estão:

- **três fontes de concorrência "horizontal"**: os produtos substitutos, as empresas que desejam entrar no setor e as empresas estabelecidas;

- **duas fontes de concorrência "vertical"**: o poder de negociação dos fornecedores e o poder negociação dos clientes (Figura 2.6) (Grant, 2006).

A concorrência em uma indústria depende da estrutura econômica dessa indústria e não apenas do comportamento dos atuais concorrentes. O grau da concorrência em uma indústria depende das cinco forças competitivas básicas (Porter, 1986). Segundo Porter (1986, p. 22), o conjunto das forças competitivas, ilustradas na Figura 2.6, determina o potencial de lucro final na indústria, que é medido em termos de retorno a longo prazo sobre o capital investido. Por isso, nem todas as indústrias têm o mesmo potencial, como podemos visualizar no Gráfico 2.1. Esse potencial pode variar à medida que o conjunto das cinco forças se altera.

A intensidade de cada uma dessas forças competitivas é determinada por uma série de variáveis estruturais, como mostra a Figura 2.6.

FIGURA 2.6 – AS CINCO FORÇAS COMPETITIVAS DE PORTER

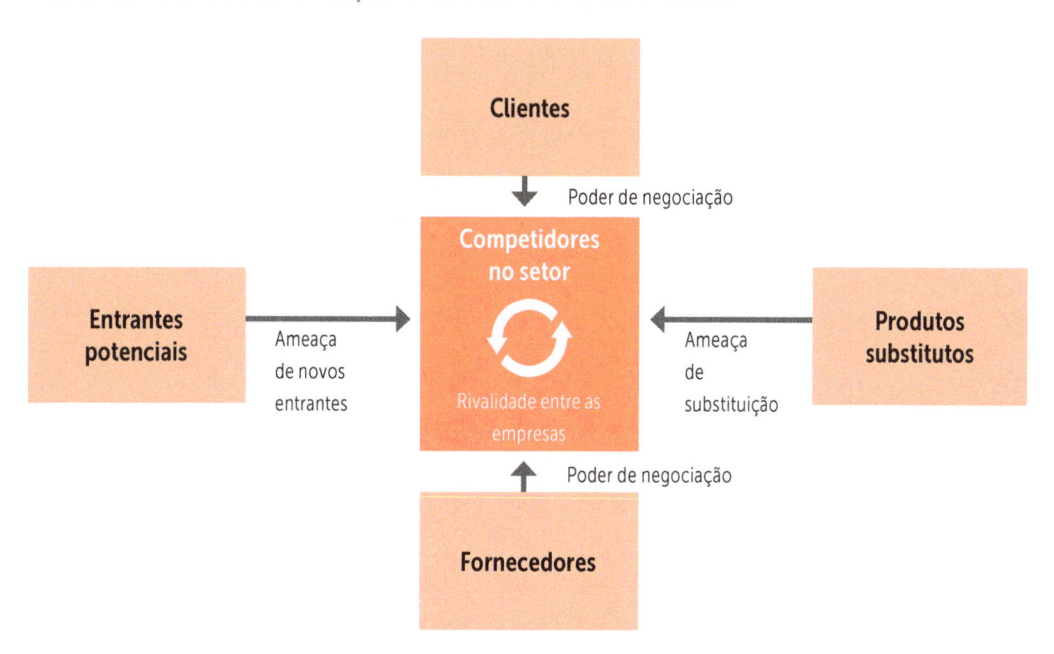

Fonte: Porter, 1986, p. 23.

Conforme comentamos anteriormente, as empresas são afetadas pelas forças competitivas, que podem ser consideradas as variáveis do microambiente. Contudo, as organizações dispõem de mecanismos que, se acionados adequadamente, podem influenciar o comportamento das forças a favor da empresa. Por isso, a avaliação da indústria por meio da análise das cinco forças se mostra muito útil na formulação da estratégia competitiva. Ao se identificarem as forças que são mais intensas e, consequentemente, que mais veementemente pressionam a rentabilidade da empresa, esta pode focar ações estratégicas nessas forças mais intensas, moldando-as em seu favor. Numa indústria competitiva, a empresa que conseguir moldar, com maior eficácia, as forças competitivas em proveito próprio tem grande chance de obter vantagens em relação a seus concorrentes.

Como são várias as características técnicas e econômicas de uma indústria que determinam a intensidade de cada força competitiva, será importante discutirmos cada uma delas. Encontramos em Grant (2006) uma das melhores descrições do comportamento de cada uma das forças competitivas, apresentadas a seguir.

| Concorrência dos produtos substitutos

O preço que os clientes estão dispostos a pagar por um produto depende, em parte, da disponibilidade de produtos substitutos. A ausência de substitutos, como no caso da gasolina ou do cigarro, leva os consumidores a serem insensíveis ao preço, ou seja, a demanda se comporta de maneira inelástica em relação ao preço. Por sua vez, a existência de produtos substitutos significa que os clientes podem optar por eles como uma resposta ao aumento do preço do produto, ou seja, a demanda se comporta de maneira elástica em relação ao preço (Grant, 2006).

O grau em que os produtos substitutos limitam os preços e os lucros depende da propensão dos clientes a optar entre alternativas. Quanto mais complexas forem as necessidades que o produto satisfaça e mais difícil for distinguir as diferenças em benefícios, menor será a predisposição do consumidor para a substituição em decorrência das diferenças de preços.

Ameaça de entrada de novos concorrentes

Se, num determinado setor, a rentabilidade do capital investido for maior que o custo de capital, o setor será visto como atrativo para as empresas que estão fora. A menos que existam barreiras para a entrada de novas empresas, a taxa de lucro cairá até o nível competitivo.

A ameaça de entrada, mais que a entrada real, pode fazer com que as empresas estabelecidas reduzam seus preços até o nível competitivo. Um setor no qual não há barreiras de entrada ou saída perde em atratividade: os preços e os lucros tenderão ao nível competitivo, com independência do número de empresas do setor. Um setor será menos atrativo se não houver custos afundados[4] (*sunk costes*). Os custos afundados se originam quando, para entrar num setor, se exige um investimento em ativos específicos cujo valor não poderá ser recuperado se a empresa desejar sair do referido setor. A ausência desses custos faz que o setor seja vulnerável em relação às empresas que entram, "pegam o dinheiro e correm" quando as já estabelecidas elevam seus preços acima do nível competitivo.

Porter (1986, p. 25) afirma que

> a ameaça de entrada em uma indústria depende das barreiras de entrada existentes, em conjunto com a reação que o novo concorrente pode esperar da parte dos concorrentes já existentes. Se as barreiras são altas, o recém-chegado pode esperar retaliação acirrada dos concorrentes na defensiva; a ameaça de entrada é pequena.

Em muitos setores, os novos concorrentes não podem entrar nas mesmas condições de que as empresas já

---

4 Custos afundados são aqueles que não podem ser recuperados ou que, uma vez realizados, não gerarão receitas adicionais que sejam capazes de gerar retorno suficiente para recuperá-los. Ou seja, o valor de oportunidade desses custos, um vez realizados, é próximo de zero.

estabelecida dispõem. A dimensão da vantagem dessas empresas (estabelecidas) sobre aquelas (entrantes) – em termos de custos unitários – mede a altura das barreiras, que determinam a medida em que o setor pode, a longo prazo, obter lucros acima do nível competitivo.

| **Barreiras de entrada**

Existem oito fontes principais de barreiras de entrada, definidas a seguir.

1. ECONOMIAS DE ESCALA

Nos setores intensivos em capital, publicidade ou pesquisa, a eficiência requer operações em grande escala. O problema para os que desejam entrar é que devem escolher entre entrar com uma escala pequena e sofrer altos custos unitários ou entrar com uma escala grande e correr o risco de ter capacidade ociosa enquanto o volume de vendas não aumentar.

No setor de automóveis, já é quase um consenso que, para ser um fabricante de baixo custo, é necessário apresentar vendas de aproximadamente quatro milhões de carros ao ano. Essas economias de escala têm sido dissuasivas para entrar no setor, de maneira que, nas últimas décadas, somente conseguiram entrar as empresas apoiadas pelo Estado (por exemplo, Proton, da Malásia, e Maruti, da Índia) ou as que se arriscaram a compensar sua escala ineficaz com baixos custos dos fatores produtivos (como Samsung e SsangYong, da Coreia, que sofreram grandes dificuldades em 2000). A fonte principal de economias de escala são os custos de desenvolvimento de um novo produto. Assim, o desenho e o lançamento de um novo modelo de automóvel custam em torno de 1,5 bilhão de dólares. Analogamente, no setor de transporte aéreo de passageiros, são necessários 20 bilhões de dólares para desenvolver o superjumbo A380 da Airbus, o que demanda a venda de 800 unidades para alcançar o ponto de equilíbrio; uma vez que a Airbus se comprometa com o projeto, a Boeing estará definitivamente excluída do segmento do mercado dos superjumbos.

2. NECESSIDADE DE INVESTIMENTO

O capital necessário para se estabelecer num setor pode ser tão elevado que dissuada as maiores empresas. O duopólio Boeing e Airbus em grandes aviões de passageiros está protegido pelos elevados investimentos que devem ser realizados em P&D, produção e serviços. Algo parecido acontece no negócio de lançamento de satélites comerciais: os custos derivados de desenvolvimento e lançamento dos foguetes fazem que seja improvável a entrada de novas empresas. Em outros setores, ao contrário, os custos de entrada podem apresentar níveis mais modestos. Uma das razões para que o *boom* do comércio eletrônico do final de década de 1990 tenha acabado num desastre financeiro para a maioria dos participantes foi precisamente que os custos iniciais de estabelecimento das novas empresas baseadas em internet eram muito baixos. Em geral, nos setores de serviços, os custos iniciais são ajustados para aquilo que um empresário individual, que deve se autofinanciar, pode enfrentar. Por exemplo, no negócio de comida rápida, os custos de entrada para um restaurante franquiado oscilam desde aproximadamente 350 mil dólares para a Wendy's até cerca de um milhão de dólares para a Burger King (Grant, 2006).

3. VANTAGENS EM CUSTOS, INDEPENDENTEMENTE DE ESCALA

Com a independência das economias de escala, muitas empresas estabelecidas num setor podem ter uma vantagem em custos sobre as que desejam entrar, simplesmente porque entraram antes. As vantagens absolutas em custos resultam normalmente da aquisição de fontes de matéria-prima a baixo custo. O acesso da Saudi Aramco às maiores e mais acessíveis reservas mundiais de petróleo lhe garante uma vantagem em custos inalcançável para a Shell, a ExxonMobil e o resto das grandes companhias ocidentais, cujo custo de produção por barril é ao menos três vezes mais elevado que os da Saudi Aramco. As vantagens absolutas em custos também podem derivar das economias de aprendizagem. Quanto maior for o desenvolvimento do aprendizado de uma empresa em relação ao seu produto, serviço ou negócio em geral, menor será seu custo, pois maior tenderá a ser sua habilidade em se mover ao longo de sua curva de aprendizagem.

4. DIFERENCIAÇÃO DO PRODUTO

Num setor em que os produtos estão diferenciados, as empresas já estabelecidas têm a vantagem do reconhecimento da marca e a fidelidade dos consumidores. O percentual de consumidores norte-americanos fiéis a uma marca varia desde 30% em baterias, conservas vegetais e sacolas de lixo até 61% em creme dental, 65% em maionese e 71% em tabaco. Os novos entrantes nesse tipo de mercado devem investir quantidades muito altas em publicidade e promoção para obter níveis de reconhecimento e reputação de marca similares aos das empresas já implantadas. Um estudo mostrou que, comparadas com as pioneiras, as empresas que se incorporaram posteriormente ao mercado de artigos de consumo sofrem alguns custos adicionais em publicidade e promoção que podem girar em torno dos 2,12% da receita de venda. Alternativamente, os novos entrantes podem ocupar uma posição de nicho no mercado ou tratar de competir baixando preços (Grant, 2006).

5. CUSTOS DE MUDANÇA

Os custos de mudança são aqueles com os quais os clientes (compradores) se defrontam quando mudam de um fornecedor para outro. São exemplos de custos de mudança: os custos de um novo treinamento para os empregados; a necessidade de um novo equipamento auxiliar; o tempo para testar ou qualificar uma nova fonte; a necessidade de assistência técnica; um novo projeto do produto; ou custos psíquicos de interromper um relacionamento com um fornecedor. Quando o custo de mudança é alto, a empresa entrante necessita oferecer um aperfeiçoamento substancial em custo ou desempenho para que o cliente se decida a mudar de fornecedor. Ou seja, o entrante tem de compensar ou bancar o custo da mudança.

6. ACESSO AOS CANAIS DE DISTRIBUIÇÃO

Um importante obstáculo para uma empresa entrar num determinado mercado tem origem nos canais de distribuição. Uma capacidade limitada dos canais de distribuição (por exemplo, espaço nas gôndolas), a aversão ao risco dos distribuidores e o custo fixo associado à manutenção da existência de um produto adicional fazem com que o distribuidor passe a ser reticente à aceitação de novos produtos. A batalha pelo espaço das gôndolas dos supermercados entre os principais fabricantes de produtos alimentícios (normalmente, exige-se o pagamento para reservar uma grande quantidade global de espaços em gôndolas) evidencia que os novos entrantes quase não têm chances de se verem incluídos.

7. BARREIRAS ADMINISTRATIVAS E LEGAIS

Alguns economistas afirmam que as únicas barreiras realmente importantes são as criadas pelos governos. Em setores como os serviços de táxi, bancos, telecomunicações e televisão, a entrada costuma exigir a obtenção de uma licença fornecida pelas autoridades públicas. Os governos sempre favoreceram ou dificultaram o exercício de algum negócio particular ou o oferecimento de um serviço único. Em setores intensivos em conhecimento, as patentes, os direitos de autoria e outras formas de propriedade intelectual legalmente protegidas são as barreiras de entrada mais eficazes. O monopólio da Xerox Corporation no setor de fotocopiadoras até praticamente o final dos anos 1970 estava protegido por um muro de mais de 2 mil patentes relacionadas com seus processos xerográficos. Os requisitos reguladores e ambientais e as normas de segurança costumam colocar os novos entrantes numa posição de desvantagem em relação às empresas já estabelecidas, uma vez que os custos de cumprimento das exigências legais são normalmente custos maiores para elas.

8. RETALIAÇÃO

A eficácia das barreiras de entrada também depende das expectativas que os entrantes tenham sobre as possíveis retaliações que podem exercer as empresas já estabelecidas. Essas retaliações podem ser traduzidas em reduções bruscas de preço, aumento da publicidade, vendas promocionais ou até mesmo pleitos. As principais linhas aéreas têm uma longa história de retaliações contra os entrantes de baixo custo. A Southwest e outras linhas aéreas de baixo custo alegaram que as reduções seletivas de preços realizados pela American Airlines e outras grandes companhias aéreas consistiam em uma política predatória de preços para impedir a entrada em novas rotas. Para evitarem as retaliações por parte das empresas já instaladas, as novas entrantes podem empreender uma entrada com escala pequena nos segmentos menos visíveis do mercado. Quando a Toyota, a Nissan e a Honda entraram no mercado norte-americano de automóveis, seu objetivo era o segmento de carros pequenos, em parte porque esse segmento havia sido descartado pelas três grandes de Detroit por ser inerentemente não rentável (Grant, 2006).

| **Eficácia das barreiras de entrada**

A pesquisa empírica indica que os setores protegidos pelas barreiras de entrada altas tendem a obter elevadas taxas médias de lucros e que o investimento necessário e a publicidade são impedimentos relevantes e fontes de rentabilidade superior.

A eficácia das barreiras de entrada para dissuadir os entrantes potenciais depende dos recursos e capacidades desses entrantes. Assim, as barreiras que são eficazes para as empresas novas podem não ser para outras que estão vindo de outros setores nos quais têm bons resultados. Um exemplo disso são as diversificações do Grupo Virgin, que utiliza a força da marca para entrar em diversos setores que a princípio apresentam altas barreiras. Outras empresas conseguem superar as altas barreiras seguindo estratégias inovadoras. Nos últimos anos, observamos novos negócios da área de eletrônicos fazendo frente à concorrência por meio da internet para iludir os canais convencionais de distribuição.

Rivalidade entre os competidores estabelecidos

Na maioria dos setores, a rivalidade entre as empresas do setor é o principal fator determinante da situação global da concorrência e dos níveis de rentabilidade. Em alguns setores, a concorrência é acirrada, fazendo com que os preços sejam iguais ou inferiores aos custos e provocando perdas generalizadas no setor. Em outros setores, não existe concorrência em preços, mas em publicidade, em inovação ou em outra variável similar. Há seis fatores que desempenham um papel importante na determinação da natureza e da intensidade do nível de rivalidade entre as empresas estabelecidas: concentração, diversidade de competidores, diferenciação do produto, excesso de capacidade, barreiras de saída e condições dos custos.

1. CONCENTRAÇÃO

A concentração se refere ao número e ao tamanho relativo dos concorrentes num mercado. Normalmente, é medida pela razão de concentração, ou seja, a participação de mercado combinada das empresas líderes. Por exemplo: a razão de concentração de quatro empresas (CR4) é a soma da participação de mercado dos quatro maiores produtores. Num mercado dominado por uma única empresa há escassa concorrência, e a empresa dominante pode exercer uma cautela na fixação de preços. Quando o mercado está dominado por um pequeno grupo de empresas líderes (um oligopólio), a concorrência em preços pode estar também limitada por acordos de conluio entre elas ou, mais normalmente, por políticas de preços "paralelos". Assim, em mercados dominados por duas empresas, os preços tendem a ser similares e a concorrência é orientada à publicidade, à promoção e ao desenvolvimento de produtos. Quando o número de empresas aumenta, a coordenação de preços é mais difícil e a probabilidade de que uma empresa inicie uma redução de preços aumenta. No entanto, apesar da observação normalmente aceita de que a eliminação de um competidor costuma reduzir a concorrência em preços, ao passo que a entrada de um novo a estimula, a evidência empírica do impacto da concentração sobre a rentabilidade é frágil.

2. DIVERSIDADE DE COMPETIDORES

A habilidade das empresas de um setor de evitar a concorrência em preços em favor de práticas de conluio de preços depende de sua similitude em termos de origens, objetivo, custos e estratégias. A cômoda situação do setor norte-americano de automóvel em que se previa a chegada dos concorrentes estrangeiros era favorecida pela coincidência entre as empresas em termos de estruturas de custos, estratégias e estilos de direção. A intensa concorrência que afeta agora os mercados da Europa e da América do Norte se deve em parte a diferentes nacionalidades, origens, custos, estratégias e tipos de direção das empresas rivais (Grant, 2006).

3. DIFERENCIAÇÃO DO PRODUTO

Quanto mais semelhante for a oferta entre os competidores, mais dispostos estarão os consumidores a substituir uns pelos outros e maiores serão os incentivos que terão as empresas para reduzir os preços com o fim de incrementar as vendas. Quando os produtos ofertados pelas empresas rivais são idênticos ou quase idênticos, o produto é um *commodity*, e a única base para competir reside no preço. Os setores com produtos padronizados – como a agricultura, o minério e a petroquímica – tendem a sofrer guerras de preços e baixos lucros. Ao contrário, nos setores nos quais os produtos estão muito diferenciados (perfumes, fármacos, restaurantes, serviços de consultoria), a concorrência em preços tende a ser frágil, mesmo quando existem muitas empresas competindo.

4. EXCESSO DE CAPACIDADE

Por que a rentabilidade de um setor tende a cair drasticamente durante os períodos de recessão? A chave reside no equilíbrio entre demanda e capacidade. Uma capacidade subutilizada impulsiona as empresas a reduzir preços para atrair novos clientes e repartir os custos fixos entre um maior volume de vendas. O excesso de capacidade pode ser cíclico ou parte de um problema estrutural, consequência de um superinvestimento e da redução da demanda. Nestes últimos casos, a questão está em saber se o excesso de capacidade permanece no setor.

5. BARREIRAS DE SAÍDA

As barreiras de saída são custos associados à possibilidade de deixar o setor. Quando os recursos são duradouros e especializados ou os trabalhadores têm direitos trabalhistas muito protegidos, as barreiras à saída podem ser muito elevadas. Por exemplo: as barreiras de saída no setor europeu do refino de petróleo, consequência dos altos custos provocados pelo desmantelamento das refinarias, pela limpeza ambiental e pelos desligamentos, causaram a ameaça de um contínuo excesso de capacidade que manteve os lucros num nível muito baixo. Ao contrário, um crescimento rápido da demanda faz com que a capacidade seja insuficiente, o que aumenta as margens.

6. CONDIÇÕES DOS CUSTOS

Quando o excesso de capacidade produz concorrência em preços, até onde eles podem ser reduzidos? A resposta está relacionada com a estrutura de custos: quando os custos fixos forem altos em relação aos custos variáveis, as empresas aceitarão clientes marginais a qualquer preço que cubra seus custos variáveis. As consequências para a rentabilidade podem ser desastrosas.

As economias de escala também animam as empresas a competir agressivamente em preços com a finalidade de obter economias de custos provocados pelos grandes volumes. Se a escala eficiente no setor automobilístico consiste em produzir quatro milhões de carros ao ano, um nível alcançado somente por seis das dezenove empresas internacionais automobilísticas, o setor mergulhará numa batalha por participação de mercado, uma vez que cada empresa buscará alcançar essa marca crítica (Grant, 2006).

| Poder de negociação dos clientes

As empresas de um setor operam em duas classes de mercados: os de fatores produtivos e os de produtores. Nos mercados de fatores produtivos, as empresas compram matérias-primas, componentes, recursos financeiros e mão de obra; nos mercados de produtos, vendem bens e serviços aos clientes. Em ambos os mercados, a transação cria valor para compradores e vendedores. A forma pela qual se divide esse valor em termos de rentabilidade depende do poder econômico relativo de cada um deles. São analisados em primeiro lugar os mercados de produtos. A força do poder de negociação de uma empresa diante de seus clientes vem determinada por dois conjuntos de fatores: a sensibilidade dos compradores ao preço e o poder de negociação relativo.

1. SENSIBILIDADE DOS COMPRADORES AO PREÇO

Segundo Grant (2006), a sensibilidade dos compradores ao preço depende de quatro fatores principais:

I. quanto mais alto for o peso do custo de um componente sobre os custos totais, maior será a sensibilidade dos compradores;
II. quanto menos diferenciados forem os produtos, mais dispostos estarão os compradores a substituir o produto sobre a base de preço;

III. quanto mais intensa for a concorrência entre os compradores, maior será seu desejo de reduzir os preços de suas compras;
IV. quanto mais importante for a qualidade do produto comercializado para a qualidade do produto do comprador, menor será sua sensibilidade ao preço.

2. PODER DE NEGOCIAÇÃO RELATIVO

O poder de negociação reside, em última análise, na possibilidade de uma parte se negar a negociar com a outra. O equilíbrio de poder entre as duas partes numa transação depende da credibilidade e da eficácia com que cada uma delas realiza essa ameaça. A questão-chave aqui está no custo relativo que cada parte suportaria se a transação não se realizasse. Um segundo fator consiste na experiência e na habilidade negociadora de cada parte. Diversos fatores influenciam no poder de negociação dos compradores em relação ao dos vendedores, entre os quais estão:

- tamanho e concentração dos compradores em relação aos fornecedores – quanto menor for o número de compradores e maior for o volume de suas compras, maior será o custo de perder algum desses compradores;
- informação dos compradores – quanto mais bem informados estiverem os compradores acerca de fornecedores, preços e custos, melhor será a negociação com eles;
- possibilidade de integração vertical – se uma parte rechaça o trato com a outra, a única alternativa para encontrar outro fornecedor é cuidar ela mesma disso.

A evidência empírica é a de que há uma tendência à concentração dos compradores para diminuir os preços e os lucros dos setores fornecedores. Os dados do Profit Impact of Market Strategy (Pims) mostram que, quanto maior for o tamanho médio das compras de um componente e maior for a importância destas em comparação com as compras totais dos clientes, mais baixa será a rentabilidade das empresas fornecedoras (Buzzell; Gale, 1987, citados por Grant, 2006).

| Poder de negociação dos fornecedores

A análise dos determinantes do poder relativo entre as empresas de um setor e seus fornecedores é análoga à análise das relações entre essas empresas e seus clientes. A única diferença é que agora os compradores são empresas do setor, e os produtores dos fatores produtivos, os fornecedores. A chave está na facilidade com que as empresas do setor podem escolher entre os diferentes fornecedores de um fator produtivo e no poder relativo de negociação de cada parte (Grant 2006).

MODELO DE AVALIAÇÃO DO NÍVEL
DE ATRATIVIDADE DOS SETORES

Com base nos aspectos que são determinantes do comportamento e, consequentemente, da intensidade de cada força competitiva, propomos um instrumento de avaliação das forças competitivas e da atratividade do setor como um todo. A planilha apresentada a seguir (Quadro 2.10) é composta por indicadores das cinco forças competitivas que operam no setor de atuação de determinada empresa. No quadro, a cada força competitiva corresponde um conjunto de afirmações, e cada afirmação se relaciona com um dos determinantes do comportamento da força competitiva em análise. O número que deve ser colocado na coluna ao lado de cada afirmação representa o grau de concordância com cada uma delas. A escala é de cinco pontos, sendo que a nota 1 significa o extremo correspondente a "discordo totalmente" (DT), e a nota 5, o extremo correspondente a "concordo totalmente" (CT). Ao completar a planilha, a média de cada afirmação de cada força representará a intensidade da respectiva força competitiva. A média de todas as forças juntas representará o nível de atratividade da indústria que está sendo analisada. De acordo com os valores das faixas definidas na Tabela 2.1, é possível identificar o nível de atratividade.

QUADRO 2.10 – ANÁLISE DA ATRATIVIDADE DO SETOR – MODELO DAS CINCO FORÇAS COMPETITIVAS DE PORTER

DT				CT
1	2	3	4	5

Variação de (1) "discordo totalmente" até (5) "concordo totalmente"

AMEAÇA DE NOVOS ENTRANTES
Em nosso setor, novos concorrentes que entram no mercado já buscando atingir uma alta escala de visibilidade não enfrentam riscos, tendo poucas reações ofensivas de empresas já existentes.
Empresas já estabelecidas em nosso setor possuem poucos recursos substanciais que podem ser utilizados para impedir a entrada de novos concorrentes no mercado.
Novas empresas que entram em nosso setor não têm de gastar uma grande soma de dinheiro irrecuperável em campanhas de divulgação e para pesquisa e desenvolvimento.
A retaliação por empresas já estabelecidas dirigidas a novos entrantes em nosso setor não tem sido forte.
Novos entrantes em nosso setor não têm de gastar muito para construir suas marcas e superar a fidelidade de marcas existentes.
Novas empresas entrantes em nosso setor dificilmente encontrarão obstáculos para persuadir os canais de distribuição a aceitar seus produtos.
Novas empresas que entram em nosso setor podem ser operadores de pequena escala sem aceitar uma considerável desvantagem de custo.
Não são necessários recursos de grande capital e/ou financeiros para a entrada em nosso setor.
Novas empresas que entram em nosso setor não enfrentarão desvantagens de custo se controlarem os estágios sucessivos na produção e/ou distribuição de produtos desse setor (desvantagens de custos surgem quando empresas novas e não integradas têm de comprar insumos a preços de mercado, ao passo que empresas já estabelecidas produzem os próprios insumos a preços mais baixos).
RIVALIDADE ENTRE OS CONCORRENTES
As empresas de nosso setor competem intensivamente para assegurar e/ou aumentar a participação de mercado.
Existe uma diversidade de competidores em nosso setor (os competidores podem diversificar as estratégias, as origens e os relacionamento com as matrizes).
Em nosso setor, ações competidoras de uma empresa têm efeitos notáveis em outras empresas concorrentes e, dessa forma, incitam retaliação e ações de contrapartida.
Em nosso setor, batalhas publicitárias ocorrem frequentemente e são muito intensas.
Em nosso setor, a competição de preços é bastante intensa (as reduções de preços são rápidas e facilmente ajustadas).
A redução de preço é uma ação competitiva comum em nosso setor.
Os termos apropriadamente usados para descrever a competição em nosso setor são *ameaçadora, feroz* ou *acirrada*.
Em nosso setor, as empresas possuem recursos para ações competitivas constantes e vigorosas e para retaliações contra os concorrentes.
Em nosso setor, empresas estrangeiras desempenham um papel importante no mercado competitivo.

(continua)

(Quadro 2.10 – conclusão)

AMEAÇA DE PRODUTOS SUBSTITUTOS	
Em nosso setor, há uma pressão considerável gerada por substitutos/produtos alternativos.	
É difícil encontrar substituições para os produtos que sejam alternativos aos produzidos por fornecedores em nosso setor.	
Todas as empresas em nosso setor são conscientes da forte concorrência de substitutos/produtos alternativos.	
A disponibilidade de produtos substitutos/alternativos limita o potencial de retorno em nosso setor.	
Produtos substitutos/alternativos limitam a rentabilidade de nosso setor.	
Os produtos de nosso setor desempenham funções que podem ser facilmente desempenhadas por uma gama de outros produtos.	
As necessidades que os produtos de nosso setor satisfazem/atendem podem ser facilmente satisfeitas/atendidas por produtos provenientes de outras fontes diversas.	
Os produtos de nosso setor apresentam características intrínsecas/específicas para as quais é difícil encontrar produtos substitutos/alternativos (no mercado).	
Nosso setor faz produtos para os quais há um grande número de substitutos.	
PODER DE NEGOCIAÇÃO DOS COMPRADORES	
Em nosso setor, compradores são altamente concentrados (por exemplo: compradores compram grandes volumes ligados às liquidações das empresas).	
Os produtos de nosso setor são vendidos a compradores em setores que lucram pouco.	
Os compradores dos produtos de nosso setor são, na maioria, atacadistas e varejistas que podem influenciar as decisões de compra do consumidor final.	
Em nosso setor, compradores ou grupo de compradores possuem um grande poder.	
Os compradores dos produtos de nosso setor estão em posição de exigir concessões.	
Há um número pequeno de compradores que formam uma grande proporção das vendas desse setor.	
PODER DE NEGOCIAÇÃO DOS FORNECEDORES	
O produto do fornecedor pode afetar a qualidade final do produto de nosso mercado/ramo/setor.	
O produto do fornecedor é um estímulo importante para nosso setor.	
Os produtos fornecidos por nossos distribuidores e utilizados em nosso processo de produção não podem ser armazenados por qualquer período.	
Os fornecedores de produtos de nosso setor poderiam integrar nosso processo de produção às suas operações.	
Os fornecedores de nosso setor podem facilmente aumentar seus preços ou ameaçar reduzir a qualidade de seus produtos.	
Em nosso setor, fornecedores ou grupos de fornecedores possuem bastante força/poder.	
Os fornecedores de matéria-prima e outros materiais para nosso setor podem fazer e fazem exigências, além de ganharem concessões.	
Empresas de nosso setor não são bem informadas a respeito da estimativa de demanda/venda de seus fornecedores, lucratividade e estrutura de custos.	
Há um número pequeno de fornecedores que contribuem para uma ampla proporção de insumos em nosso setor.	

Fonte: Elaborado com base em Alrawashdeh, 2012, p. 191.

TABELA 2.1 – NÍVEL DAS FORÇAS COMPETITIVAS E NÍVEL DE ATRATIVIDADE

Nível das forças competitivas (NFC)		Média das 5 forças competitivas
Atratividade	ALTA	NFC < = 2,5
	MÉDIA	2,6 < NFC < 3,5
	BAIXA	NFC > = 3,5

A escala desenvolvida por Alrawashdeh (2012, p. 191) foi validada no estudo aqui referenciado, o que significa que ela cumpre o papel de medir o que se propõe a medir. Ou seja, se a escala for aplicada corretamente, sendo preenchida por pessoas que realmente conheçam o setor, o resultado indicará a real intensidade de cada uma das forças, e o conjunto das forças indicará o nível de atratividade do setor analisado.

Conseguir identificar quais são as forças mais intensas é fundamental. E para quê? Para que a organização seja mais assertiva ao direcionar ações para enfrentar as forças que mais pressionam a rentabilidade para baixo. Isso é importante para que a empresa possa melhorar o próprio desempenho e facilitar a conquista de vantagem competitiva.

A mensuração do nível de atratividade do setor por meio dessa escala também é útil para que os investidores avaliem as melhores opções de negócio. Todos os planos de negócio deveriam realizar essa análise para identificar, num primeiro momento, se o setor em que pretendem criar o negócio é atrativo ou não e, depois, para verificar qual é a melhor forma de nele entrar, a fim de que as chances de obter retorno sejam efetivas. Ou seja, trata-se uma etapa importante para avaliar a viabilidade estratégica do negócio.

NÍVEL DE CONCORRÊNCIA DE UMA INDÚSTRIA E GRAU DE CONCENTRAÇÃO ECONÔMICA

Uma medida conveniente do equilíbrio de uma indústria é proporcionada pelo Índice Herfindahl[5] (IH), ou índice

---

5 É o coeficiente de concentração que indica o controle relativo do mercado pelas grandes empresas.

Herfindahl-Hirschman (IHH), indicador que se usa para conhecer o nível de concorrência de uma indústria ou setor por meio do grau de concentração econômica. Segundo Parkin (2006, citado por Ipinza, 2013), o IHH é o resultado da soma dos quadrados das participações percentuais no mercado de todas as empresas – quando há menos de 50 – ou das 50 maiores. Afirma-se que existe uma concorrência perfeita quando o IHH é pequeno. Num monopólio, o resultado do IHH é de 10.000. Quando é menor de 1.000, considera-se que o mercado é competitivo. Quanto está entre 1.000 e 1.800, é moderadamente competitivo. Quando é superior a 1.800, não é competitivo. A prática das fusões poderia ser um objetivo para incrementar o IHH e deixá-lo acima de 1.800. Com os resultados desse indicador, o governo pode regular ou exercer um efeito importante sobre a rivalidade entre as organizações. O IHH é calculado da seguinte forma:

$$IHH = \sum Pi^2$$, em que P é a participação de mercado da empresa i.

É importante avaliar a homogeneidade das organizações, visto que, quanto mais similares elas forem entre si, mais poderão gerar coordenação entre elas e a especificidade de seus ativos, pois, quanto mais especiais forem os ativos, mais elevadas serão as barreiras de saída, o que identificará a rivalidade.

2.2.2 APLICAÇÃO DA ANÁLISE SETORIAL COMO ESTRATÉGIA DE POSIÇÃO

Robert Grant (2006) afirma que, uma vez compreendida a forma como a estrutura do setor atua sobre a concorrência, o que, por sua vez, determina a rentabilidade atual do setor, é possível aplicar a análise, em primeiro lugar, para prever a rentabilidade futura do setor e, em segundo lugar, para desenhar estratégias que modifiquem a estrutura setorial. Vamos apresentar a seguir o passo a passo para se aplicar a análise setorial, definindo também os elementos e as ferramentas que permitem implementá-la.

Descrição da estrutura do setor

O primeiro passo na análise setorial consiste em identificar os elementos-chave da estrutura do setor. Em princípio, esse é um objetivo simples, que requer a identificação dos principais jogadores – produtores, clientes, fornecedores e produtores de produtos substitutos – e depois o exame de algumas das características essenciais de cada um desses grupos, que determinarão a concorrência e o poder de negociação.

Na maioria dos setores industriais, a identidade dos diferentes grupos se distingue de maneira simples; no entanto, há setores – em particular nos de serviços – em que isso pode ser mais complexo.

A definição de um setor implica também outros aspectos críticos. Quais atividades da cadeia de valor devem ser incluídas na análise do setor? Quais são os limites horizontais do setor em termos de produtos e geográficos?

Previsão da rentabilidade do setor

Muitos estudos buscam descrever qual foi a rentabilidade de um setor ou por que em um setor ela foi alta e em outro baixa, quando na realidade o foco de uma estratégia está voltado para o futuro, ou seja, o maior interesse reside em prever o futuro.

As decisões de investimentos que são tomadas agora comprometem os recursos de um setor para uma década ou mais; por isso, é essencial que se tente antecipar a rentabilidade que provavelmente haverá no futuro.

A rentabilidade atual costuma ser um indicador pobre da rentabilidade futura. Essa realidade remete a uma reflexão importante: se a rentabilidade num setor está determinada pela estrutura deste, então é possível empregar as observações das tendências estruturais desse setor para prever as mudanças mais prováveis na concorrência e na rentabilidade. Considerando-se que as mudanças na estrutura setorial tendem a ser produzidas a longo prazo e que são o resultado de mudanças no comportamento dos clientes e na tecnologia, assim como das estratégias implantadas pelas empresas, podem-se empregar as observações atuais para identificar tendências estruturais emergentes.

Segundo Grant (2006), para prever a rentabilidade futura de um setor, a análise deve ser realizada em três etapas:

1. Examinar até que ponto o setor atual e os níveis recentes de concorrência e rentabilidade são resultado da estrutura atual do setor.
2. Identificar as tendências que estão mudando na estrutura setorial. O setor está se consolidando? Novos jogadores estão tentando se incorporar no setor? Os produtos do setor estão ficando mais diferenciados ou mais padronizados? O aumento da capacidade fará com que esta supere o crescimento da demanda?
3. Identificar como as mudanças estruturais podem afetar as cinco forças competitivas de Porter e qual será a rentabilidade resultante no setor. Em comparação com o presente, as mudanças estruturais farão com que a concorrência aumente e se enfraqueça? As mudanças estruturais raramente impulsionam a concorrência numa direção consistente; normalmente alguns fatores fazem com que ela cresça, outros a moderam. É por isso que a determinação do impacto conjunto de todas as forças sobre a rentabilidade é previsivelmente uma questão de juízo.

Estratégias para modificar a estrutura setorial

Grant (2006) afirma que a compreensão de como as características estruturais de um setor determinam a intensidade da concorrência e o nível de rentabilidade facilita a identificação de oportunidades para mudar a estrutura do setor e mitigar a pressão competitiva.

Em primeiro lugar, é necessário identificar os fatores estruturais que são responsáveis pelo declínio da rentabilidade.

Em segundo lugar, é preciso considerar quais desses fatores estruturais podem ser modificados por meio de iniciativas estratégicas apropriadas, por exemplo:

- a concentração por meio de fusões, parcialmente em alguns elos da cadeia de valor ou totalmente em toda a empresa, ou por aquisições, o que pode reduzir a rivalidade e facilitar a racionalização da capacidade;
- as fusões e alianças estratégicas com o objetivo de reduzir o número de concorrentes;
- a construção de barreiras de entrada, que é uma estratégia vital para preservar a rentabilidade elevada a longo prazo.

A DEFINIÇÃO DO SETOR: "ONDE ESTÃO OS LIMITES?"

Um aspecto importante da análise setorial é definir o setor relevante.

A primeira questão a ser esclarecida é o significado do termo *setor*. Os economistas definem *setor* como um grupo de empresas que fornecem a um mercado, razão pela qual existe uma estreita correspondência entre mercados e setores. A diferença essencial está em que a análise setorial – e especificamente a das cinco forças – pressupõe que a rentabilidade do setor está determinada pela concorrência em dois aspectos: o de produtos e o de fatores (Grant, 2006).

Comumente se faz uma distinção ainda maior entre *setor* e *mercado*: *setor* costuma ser empregado num sentido amplo, ao passo que *mercado* se refere a produtos específicos.

Para os propósitos da análise setorial, deve-se adotar a perspectiva dos economistas para identificar e definir setores. Assim, o ponto de partida é o mercado: "Qual é o grupo de empresas que competem para oferecer um serviço concreto?"

A resposta pode levar, para os efeitos da análise industrial, a abandonar o conceito convencional de *setor*, com a finalidade de se concentrar na autêntica realidade da concorrência, ou seja, fazer uma aproximação de nível mais reduzido que comece com os consumidores escolhendo entre ofertas competidoras.

A DEFINIÇÃO DO MERCADO: A SUBSTITUIÇÃO DO LADO DA DEMANDA E DA OFERTA

Até este ponto, foi sustentado que a chave para definir os limites de um setor está na identificação do mercado relevante; porém, isso não deve fazer com que se perca de vista a relação essencial entre as empresas de um setor ou, o que é o mesmo, a concorrência.

Mas como, de fato, se define um mercado?

Para Grant (2006), os limites do mercado se definem pela capacidade de substituição, tanto do lado da demanda quanto do lado da oferta. Do lado da demanda, podemos considerar que, quando os clientes não estão dispostos, por exemplo, a substituir caminhões por carros de luxo em razão da diferença de preços, é preciso compreender que o mercado de carros de luxo é o de automóveis, e não o de veículos motores. De maneira similar, se os clientes somente estão dispostos a substituir um carro de luxo por outro carro de luxo, então o mercado relevante é o de carros de luxo, e não o de automóveis em seu conjunto.

Contudo, é necessário levar em conta também a capacidade de substituição do lado da oferta. Se os fabricantes consideram fácil mudar a produção de carros de luxo para a produção de carros familiares ou esportivos, tal substituição do lado da oferta sugere que o carro de luxo está competindo dentro do mercado automobilístico em sentido amplo. A habilidade da Toyota, da Nissan e da Honda para penetrar no mercado de carros de luxo sugere que a capacidade de substituição de sua oferta entre carros para o mercado de massa e carros de gamas especiais é moderadamente alta. De maneira similar, o setor automobilístico costuma incluir furgões e caminhões leves, dado que estes podem ser fabricados nas mesmas plantas que os automóveis (frequentemente utilizam as mesmas plataformas e motores). Também ocorre algo parecido com os fabricantes de grandes eletrodomésticos. Estes tendem a ser considerados como um único setor, não porque os consumidores estejam dispostos a substituir as geladeiras por lava-louças, mas porque os fabricantes podem usar as mesmas fábricas e os mesmos canais de distribuição para os diferentes grandes eletrodomésticos.

A mesma consideração é aplicada aos limites geográficos dos mercados. Os carros de luxo competem num mercado global único ou numa série de mercados nacionais ou regionais diferentes? O critério, novamente, reside na capacidade de substituição. Se os clientes desejam e podem substituir os carros disponíveis nos diferentes mercados nacionais ou se os fabricantes desejam e são capazes de desviar sua produção para diferentes países em função das diferentes margens, então o mercado é global.

A prova-chave dos limites geográficos de um mercado é o preço: se as diferenças entre os preços do mesmo produto em distintas localizações tendem a ser corroídas do lado da oferta e da demanda, todas elas se encontram dentro de um único mercado (Grant, 2006).

Na prática, a identificação dos limites de mercados e setores é uma questão de juízo que depende dos propósitos e do contexto da análise correspondente.

Em segundo lugar, a delimitação precisa dos limites de um mercado (ou de um setor) é poucas vezes crucial para o resultado da análise, em especial se são observadas atentamente as influências externas. A análise da oferta de um produto no mercado em que ele é competitivo deve ser observada mais como um *continuum*, isto é, cada oferta pode se situar mais em posições diferentes ao longo desse *continuum* do que em um espaço limitado.

Essas reflexões, se somadas às anteriormente apresentadas, são importantes no contexto da estratégia como posição, pois, quando se define a posição num mercado, é necessário ter essa clareza dos limites desse mercado.

DA ATRATIVIDADE SETORIAL À VANTAGEM COMPETITIVA: IDENTIFICAÇÃO DOS FATORES-CHAVE DE SUCESSO

O modelo das cinco forças permite determinar o potencial de um setor para obter rentabilidade. Mas como a rentabilidade é repartida entre as diferentes empresas que competem no setor?

Como já foi sinalizado na discussão anterior sobre a dinâmica setorial, a concorrência entre os participantes no setor é, em última análise, uma batalha por obter vantagens competitivas; para alcançá-las, as empresas rivalizam entre si a fim de atrair clientes e realizam manobras para obter uma vantagem de posição. Ou seja, a posição visa estabelecer uma relação produto *versus* mercado num determinado setor. Essa relação, no entanto, implica maximizar o valor criado, medido principalmente em termos de rentabilidade e lucratividade. Para isso, é necessário examinar as fontes da vantagem competitiva de um setor. Dedicaremos mais adiante um item específico para a análise do conceito de *vantagem competitiva*. O objetivo aqui é identificar os fatores do mercado da empresa que determinam sua habilidade para sobreviver e prosperar, ou seja, fatores-chave de sucesso.

O processo de identificação dos fatores-chave de sucesso é simples. Para uma empresa prosperar e sobreviver num setor, é preciso conjugar dois critérios: i) fornecer aos clientes o que eles querem comprar; e ii) sobreviver à concorrência.

Consequentemente, deve-se responder a duas questões:

- O que os clientes querem?
- O que a empresa necessita fazer para sobreviver à concorrência?

Para responder a essas duas perguntas, é necessário observar com atenção os clientes do setor e vê-los não como fonte de poder de negociação – e, portanto, como uma ameaça para a rentabilidade –, mas como a base racional da existência do setor e sua fonte subjacente de lucros.

Isso implica que a empresa deve identificar quem são seus clientes e averiguar as necessidades e o modo como escolhem as ofertas competidoras. Uma vez identificadas as preferências dos clientes, isso é só o ponto de partida de uma cadeia de análises concatenadas. Por exemplo, se os consumidores escolhem os supermercados fundamentalmente em razão do preço e se os preços baixos dependem dos custos baixos, as questões-chave serão as relacionadas com os determinantes dos custos dos supermercados.

A segunda pergunta requer que a empresa examine os fundamentos da concorrência no setor. Qual é a intensidade da concorrência e quais são suas dimensões imprescindíveis? Assim, no mercado de carros de luxo, os clientes selecionam, sobretudo em virtude do prestígio, o *design*, a qualidade e a exclusividade. Entretanto, essas características não constituem em si mesmas a chave do sucesso. Se a concorrência num setor é intensa, será necessária, para a sobrevivência da empresa, uma posição financeira consolidada que possibilite financiar o desenvolvimento de novos produtos; além disso, os custos terão de ser suficientemente baixos para permitir que seja possível cobrir o custo de capital.

Na Figura 2.7 consta um modelo básico para identificar os fatores-chave de sucesso, os quais também podem ser identificados por meio da modelagem direta da rentabilidade. Da mesma forma que a análise das cinco forças modela os determinantes da rentabilidade em nível setorial, é possível fazer o mesmo no nível da empresa mediante a identificação dos fatores-chave que determinam a rentabilidade relativa de uma empresa dentro do setor.

O valor dos fatores de sucesso na formulação estratégica foi desenhado por alguns acadêmicos. Pankaj Ghemawat (1991, p. 11, tradução nossa) afirma que "a ideia geral de identificar um fator de sucesso e em seguida persegui-lo parece ter algo em comum com a doentia busca pela pedra filosofal na Idade Média, uma substância que converteria tudo o que tocasse em ouro". Aqui, o objetivo de identificar os fatores-chave de sucesso é menos ambicioso.

Não há nenhum modelo ou guia universal para conseguir uma estratégia de sucesso; até mesmo em setores concretos não há uma "estratégia genérica" que possa garantir uma rentabilidade superior. Cada mercado é diferente em função do que motiva os clientes e de como atua a concorrência. Assim, a compreensão desses aspectos de determinado setor é um requisito prévio para uma estratégia eficaz. No entanto, isso não implica que as empresas dentro de um mesmo setor adotem as mesmas estratégias. Cada empresa é um conjunto único de recursos e capacidades, inclusive quando num setor há fatores de êxito comuns (por exemplo, custos baixos), razão pela qual ela formulará uma estratégia única que vincule esses recursos e capacidades com os fatores de sucesso do setor (Grant, 2006).

FIGURA 2.7 – IDENTIFICAÇÃO DOS FATORES-CHAVE DE SUCESSO

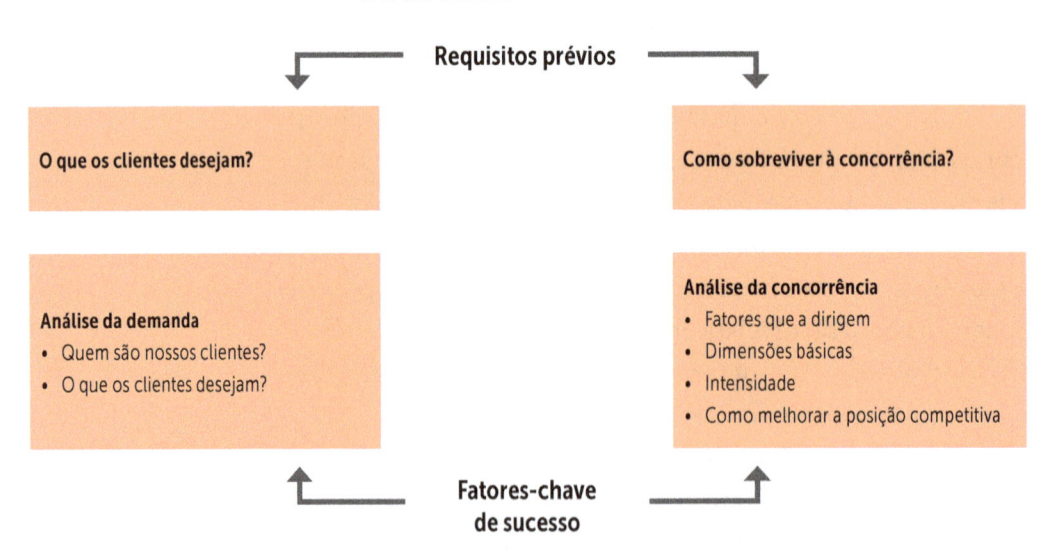

Requisitos prévios

O que os clientes desejam?

Como sobreviver à concorrência?

Análise da demanda
- Quem são nossos clientes?
- O que os clientes desejam?

Análise da concorrência
- Fatores que a dirigem
- Dimensões básicas
- Intensidade
- Como melhorar a posição competitiva

Fatores-chave de sucesso

Fonte: Grant, 2006, p. 136, tradução nossa.

TÉCNICA DE ANÁLISE DOS FATORES-CHAVE DE SUCESSO – MATRIZ DE PERFIL COMPETITIVO (MPC)

Os fatores-chave de sucesso tendem a ser amplos, tendo em vista que não incluem dados específicos ou concretos, pois, para existirem, podem considerar temas internos das empresas. Eles não são agrupados por oportunidade e ameaças numa matriz de perfil competitivo (MPC), pois, dependendo da avaliação realizada, alguns fatores-chave poderão ser considerados pontos fortes ou pontos fracos da empresa em relação aos concorrentes (ver Tabela 2.2). Os fatores de uma MPC listam os itens-chave que permitem que uma empresa possa competir com sucesso no setor industrial do qual participa. Devemos entender *competir com sucesso* aqui como o fato de a empresa conseguir identificar e contemplar os fatores-chave de sucesso, que são os fatores mínimos que as empresas necessitam satisfazer para poder atender às exigências do mercado e conseguir continuar atuando no setor. Ou seja, se a empresa atender aos fatores-chave de sucesso, isso significa que ela vai conseguir permanecer no setor, mas não necessariamente como a que possui vantagens competitivas, apesar de isso poder ocorrer. No entanto, é quase certeza que a empresa que não atender aos fatores-chave de sucesso fracassará na tentativa de competir.

O mercado é quem determina os fatores-chave de sucesso, e gradualmente esse mercado vai excluindo as empresas que não atenderem a tais fatores, estabelecidos pelo próprio mercado.

Na MPC, as qualificações e os pesos ponderados totais para os rivais podem ser comparados com a organização de referência. Os resultados obtidos apresentam o perfil competitivo no setor e a situação atual. Esses resultados servem para a visualização das possíveis ações estratégicas a serem desenvolvidas.

Segundo Ipinza (2013), a MPC é usualmente desenvolvida de uma maneira muito simples pelas empresas, mas somente após uma análise detalhada dos concorrentes. Ipinza

(2013) afirma, ainda, que é lamentável encontrar análises pobres dos concorrentes, nas quais muitas vezes não se identificam os aspectos relevantes nem se definem fatores de sucesso, forças ou fraquezas. A MPC inclui esses itens.

A estratégia é um jogo que se ganha e se perde; porém, a organização necessita ganhar, crescer e se desenvolver. Para isso, ela deve chegar a conhecer os concorrentes, isto é, a visão, a missão, os valores, os objetivos, as estratégias, a cultura organizacional de cada um, e, sobretudo, quem lidera essas organizações. Para isso, podem ser aplicadas tabelas por meio das quais são comparadas as empresas concorrentes com a empresa de referência que está realizando a análise. Isso gera informações importantes para a MPC.

Conforme Ipinza (2013), um esforço especial deve ser desenvolvido para se chegar a conhecer bem os competidores, suas capacidades. Deve-se também saber de que forma se fará frente às estratégias, ou cursos de ação, da organização concorrente. Determinar em que medida a concorrência pode ser agressiva é crucial para que o futuro da organização não se veja numa encruzilhada, ajudando a estabelecer as estratégias requeridas para o futuro desejado. Essa análise também é útil para a definição clara da posição de uma empresa em seu ambiente externo.

Para a utilização da Tabela 2.2, devem ser considerados todos os concorrentes, substitutos e entrantes, se existirem.

TABELA 2.2 – MATRIZ DE PERFIL COMPETITIVO (MPC)

Nº	Fatores-chave de sucesso	Peso	Empresa referência		Concorrente A		Concorrente B		Substituto A		Entrante A	
			Valor	Ponderação (peso versus valor)	Valor	Ponderação	Valor	Ponderação	Valor	Ponderação	Valor	Ponderação
1												
2												
3												
4												
5												
6												
7												
Total		1,00										

Valor[6]: 4) Força maior; 3) Força menor; 2) Fraqueza menor; 1) Fraqueza maior

Fonte: Ipinza, 2013, p. 136, tradução nossa.

2.2.3 POSICIONAMENTO (OU POSIÇÃO)

Michael Porter (1999), em seu artigo clássico "O que é estratégia?", afirma que o posicionamento já se situou no cerne da estratégia, apesar das críticas que essa visão vem sofrendo, sendo a principal o fato de o posicionamento não garantir uma vantagem competitiva sustentável, a qual, no máximo, passa a ser temporária.

No entanto, nesse artigo, que já tem um título bastante provocativo e retórico, Porter (1999) procura retomar e aclarar

---

6 É a nota que deverá indicar como cada fator-chave de sucesso está presente na empresa analisada ou o que ele representa. Um fator-chave de sucesso pode ser: a força maior da empresa, quando esta o contempla superior ao observado nas demais empresas (nota 4); ou a força menor, quando a empresa atende bem a esse fator, mas há alguém que ainda o faz melhor do que ela (nota 3); se a empresa não atende bem a tal fator, mas ainda assim há concorrentes piores, trata-se de fraqueza menor (nota 2); se a empresa é a que apresenta o pior resultado em relação aos concorrentes, trata-se de fraqueza maior (nota 1).

os conceitos, eliminando muitas confusões que foram gradualmente sendo criadas pela introdução no campo da estratégia de interpretações de movimentos que não são de fato estratégia, como a eficiência operacional.

Um dos primeiros esforços de Porter é discutir o que não é estratégia, referindo-se àquilo que não representa ou não oferece uma posição exclusiva para a empresa. Para isso, deixa claro que o verdadeiro conceito de estratégia se relaciona com a ideia de busca de um posicionamento no mercado, ou seja, de um estabelecimento da relação da empresa com o seu ambiente que seja capaz de proporcionar a ela uma vantagem competitiva sustentável.

Porter (1999, p. 56) analisa as origens do tema *posicionamento estratégico* e defende que "as posições estratégicas emergem de três fontes distintas que não são mutuamente excludentes e em geral se encontram imbricadas".

A primeira está relacionada ao fato de o posicionamento estar baseado na produção de um subconjunto dos produtos e serviços de um setor (Porter, 1999). O autor denominou essa modalidade de *posicionamento baseado na variedade*, "pois se fundamenta na escolha de variedades de produtos ou serviços e não em segmentos de clientes" (Porter, 1999, p. 58).

O segundo critério para o posicionamento, para Porter (1999, p. 58), "é o de atender à maioria das necessidades de um determinado grupo de clientes". Essa modalidade foi chamada de *posicionamento baseado nas necessidades*, que está próximo da ideia de posicionamento como orientação para um determinado segmento de clientes como alvo.

"O terceiro critério para o posicionamento é o da segmentação dos clientes em razão das diferenças nas modalidades de acesso" (Porter, 1999, p. 61). Essa posição é denominada de *posicionamento baseado no acesso*. Esse critério leva em consideração os aspectos geográficos ou do porte do cliente, ou, como afirma Porter (1999, p. 61), "qualquer outra coisa que exija um diferente conjunto de atividades para melhor alcançá-lo.

Depois de discutir os critérios de posicionamento, Porter vincula o conceito de estratégia a três aspectos fundamentais.

O primeiro diz respeito ao fato de a estratégia demandar a criação de uma posição exclusiva e valiosa, envolvendo um diferente conjunto de atividades. O segundo está relacionado ao fato de a estratégia exigir que sejam feitas escolhas que muitas vezes são excludentes. A existência de opções excludentes significa que estratégia também é escolher o que não fazer. O terceiro vincula o conceito de estratégia à criação de compatibilidade entre as atividades da empresa, ou seja, o êxito da estratégia depende do bom desempenho de muitas atividades e de sua integração (Porter, 1999).

Com base nessa visão, é possível perceber com maior clareza não só que a estratégia como posição, na visão de Mintzberg et al. (2007), é a essência do que é estratégia para Michael Porter, mas também que todos os demais aspectos, ações e conceitos estão e devem estar a serviço do fortalecimento do posicionamento da empresa em seu ambiente.

2.2.4 VANTAGEM COMPETITIVA

O objetivo final de um processo de reflexão sobre estratégia como posição, que estabelece a relação da empresa com o seu ambiente – seja global (internacional), seja nacional, seja setorial –, é alcançar uma vantagem competitiva. A empresa busca, na interação com o ambiente (posição competitiva), distinguir-se. Uma forma de alcançar essa distinção das demais empresas é conseguir oferecer um preço atrativo (baixo) para captar o cliente. Outra possibilidade é a busca de outros diferenciais que não sejam o preço (excelente tecnologia, qualidade, inovação etc.), mas que possam distingui-la. Por último, a busca pela especialização num segmento de mercado também visa à distinção.

Cada uma dessas diferentes possibilidades são fontes de vantagem competitiva. Se a empresa consegue implementar alguma delas, distingue-se das demais empresas que atuam no mesmo setor. Esta deve ser a primeira característica que uma vantagem competitiva deve ter: estar presente em uma empresa (ou, em determinadas ocasiões, em algumas poucas) e ser conhecida e apreciada pelos clientes dela. Em consequência, distingue positivamente algumas empresas de outras.

Essas diferentes características básicas mediante as quais uma empresa pode obter uma vantagem competitiva foram descritas por Michael Porter (Porter, 1986) como as três estratégias genéricas: i) liderança em custos; ii) diferenciação; e iii) enfoque. A Figura 2.8 apresenta essas estratégias.

Pode-se afirmar que essas estratégias genéricas são como as três grandes rodovias que uma empresa pode seguir para chegar a obter uma vantagem competitiva. O que uma empresa não pode é ficar "atravancada no meio", como afirma Porter (1999), referindo-se ao caso das empresas que não deixam claro qual é seu posicionamento, ou seja, que não oferecem diferenciais que sejam percebidos pelo mercado e não têm uma liderança em custos que crie valor para a empresa. Essas empresas, muitas vezes, também não definem com clareza se atuam com um segmento específico e muito menos qual é esse segmento.

FIGURA 2.8 – ESTRATÉGIAS GENÉRICAS

	Vantagem estratégica	
	Singularidade percebida pelo cliente	Posição de baixo custo
Alvo amplo	Diferenciação	Liderança em custos
Alvo estreito (segmentação)	Enfoque com diferenciação	Enfoque com liderança em custos

No centro: **Atravancada no meio**

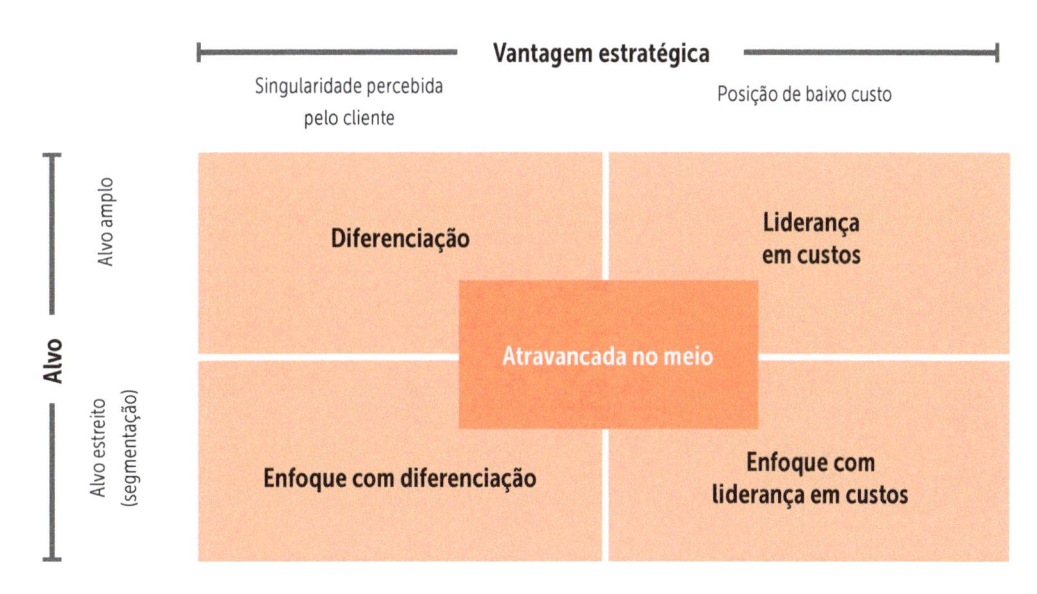

Fonte: Elaborado com base em Porter, 1986, p. 53.

Barney e Hesterly (2008) definem *vantagem competitiva* como a capacidade de uma empresa de gerar maior valor econômico do que organizações rivais. "O valor econômico é simplesmente a diferença entre os benefícios percebidos ganhos por um cliente que compra produtos ou serviços de uma empresa e o custo econômico total desses produtos ou serviços" (Barney; Hesterl, 2008, p. 10). Portanto, o tamanho da vantagem competitiva de uma empresa é a diferença entre o valor econômico que ela consegue criar e o valor econômico que suas rivais conseguem criar.

FIGURA 2.9 – FONTES DA VANTAGEM COMPETITIVA DE UMA EMPRESA

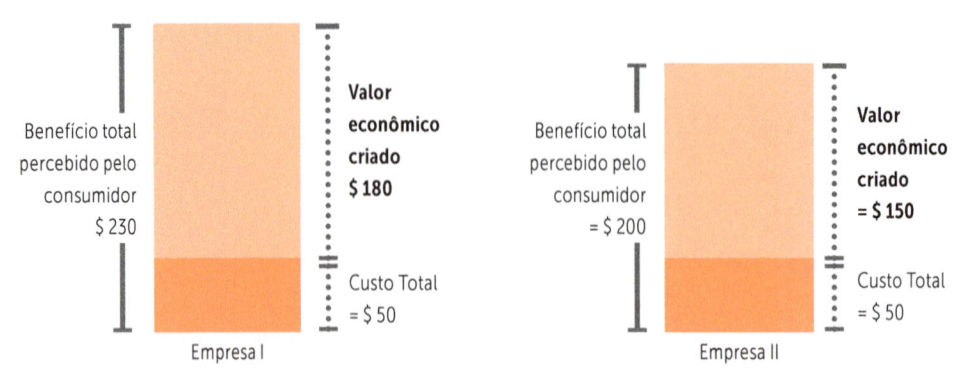

Empresa I
- Benefício total percebido pelo consumidor $230
- Valor econômico criado $180
- Custo Total = $50

Empresa II
- Benefício total percebido pelo consumidor = $200
- Valor econômico criado = $150
- Custo Total = $50

(Painel A) Vantagem competitiva da Empresa I quando cria mais valor percebido pelo cliente

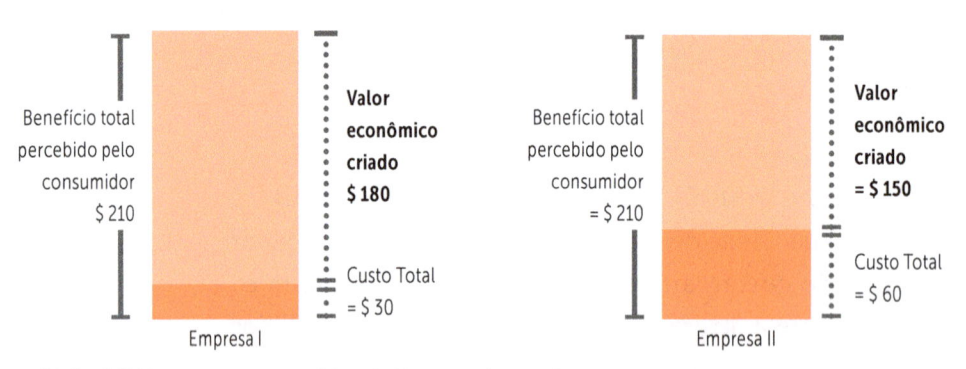

Empresa I
- Benefício total percebido pelo consumidor $210
- Valor econômico criado $180
- Custo Total = $30

Empresa II
- Benefício total percebido pelo consumidor = $210
- Valor econômico criado = $150
- Custo Total = $60

(Painel B) Vantagem competitiva da Empresa I quando tem menores custos

Fonte: Barney; Hesterly, 2008, p. 11.

Na Figura 2.9, Barney e Hesterly (2008) apresentam duas empresas que competem no mesmo mercado pelos mesmos consumidores.

A Empresa I, toda vez que vende um serviço ou produto, gera $180 de valor econômico; já a Empresa II gera $150. Dessa forma, podemos afirmar que a Empresa I tem uma vantagem competitiva em relação à Empresa II. Nesse caso, podemos até mesmo medir o tamanho da vantagem competitiva, que é igual à diferença entre o valor econômico criado pelas duas empresas, ou seja, $30 ($180 – $150 = $30).

A Figura 2.9 mostra, ainda, que a vantagem competitiva alcançada pela Empresa I em relação à Empresa II, que é de $30, pode ter duas fontes diferentes. No Painel A, a fonte são os benefícios maiores percebidos pelos seus clientes. No painel B, a fonte são os custos, pois, apesar de o valor percebido pelos clientes ser o mesmo, a Empresa I tem uma vantagem competitiva em relação à Empresa II por apresentar uma menor estrutura de custos.

DIFERENCIAÇÃO COMO FONTE DE VANTAGEM COMPETITIVA

Podemos entender a *diferenciação* como a realização de algo apreciado e percebido pelos clientes, de forma mais satisfatória em comparação com a concorrência, desde que essa vantagem possa ser mantida no longo prazo. Um exemplo disso é a empresa Microsoft, que chegou a dominar 95% de seu mercado com o sistema operacional Windows, nas diversas versões do *software*. Outro exemplo é a Coca-Cola, cuja marca se distingue perfeitamente do resto de fabricantes de refrigerante do mundo. O Grupo Disney, por sua vez, distingue-se pela qualidade em serviço, fator essencial de sua competitividade. Finalmente, podemos citar também a Chrysler ou a BMW como empresas do setor automobilístico que se diferenciaram pela qualidade.

Essas empresas revelam diferentes maneiras de se diferenciarem em relação aos concorrentes, de serem melhores que estes em alguma característica que seja apreciada pelos respectivos clientes, dirigindo-se a todo o mercado.

Na Figura 2.9, apresentam-se os aspectos-chave de diferenciação. No Painel (A), comparam-se duas hipotéticas empresas exatamente iguais no que se refere à dimensão de capacidade e recursos, competindo num mesmo setor. Sendo idênticas em termos de tamanho e tendo as mesmas habilidades e meios, as duas empresas devem ter custos de operar no setor (pessoal, instalações, máquinas etc.) totalmente equivalentes.

A diferença entre ambas se produz quando uma delas decide seguir a estratégia genérica de diferenciação, ao passo que a outra opta por não segui-la. A primeira consequência para a empresa que deseja diferenciar-se é ter de assumir alguns custos suplementares, uma vez que deve conseguir, de maneira exclusiva, alguma característica que seja apreciada por seus clientes.

Se pensamos nos exemplos mencionados anteriormente, possuir uma tecnologia de ponta, realizar inovações constantes, ter uma alta imagem de marca, obter uma elevada qualidade, conquistar reconhecido *design* ou oferecer um serviço excelente são todas características que não são alcançadas facilmente. Para obter alguma delas, uma empresa deve investir uma quantidade importante de recursos, sempre correndo o risco de não alcançar a vantagem perseguida. Portanto, os custos da diferenciação somente são assumidos (ver, mais uma vez, Figura 2.9) pela empresa que segue essa estratégia.

Como exemplo, utilizamos a comparação das três estratégias genéricas com três grandes rodovias, cada qual seguindo direções diferentes (perseguindo vantagens competitivas distintas). Agora podemos ir além. Ao final da rodovia da diferenciação existe uma série de estradas secundárias que, da mesma maneira, vão em direções que podem estar muito distantes umas das outras. Essas diferentes estradas secundárias são as distintas formas de que as empresas dispõoem para se diferenciarem (qualidade, inovação, imagem de marca, serviço, *design*, tecnologia, canal etc., ou combinações desses elementos todos). Por consequência, as possibilidades de sucesso de uma estratégia de diferenciação serão muito diferentes, variando conforme a estrada nacional escolhida depois da grande rodovia. Obviamente, dependendo do setor, algumas formas de diferenciação serão mais apropriadas que outras.

Vamos supor que uma empresa tenha optado por uma forma de diferenciação apropriada, imaginando, também, que as habilidades e os recursos dela tenham sido suficientes e presumindo, ainda, que sua gestão tenha sido adequada. Nesse caso, chegaremos à conclusão de que essa organização alcançará a vantagem competitiva desejada.

Nesse contexto, a consequência mais importante para a empresa será o fato de que seus clientes estarão dispostos a pagar mais por seu produto ou serviço em comparação com o preço que pagariam pelo mesmo produto ou serviço realizado pela empresa não diferenciada

Finalmente, podemos analisar o resultado, que é o fato de a margem da empresa que optou (com sucesso) pela diferenciação ser maior que o da empresa que não o fez. A proporção dessa margem maior é evidentemente um aspecto-chave, tal como é, de igual forma, a proporção de clientes que se decidem pelo produto ou serviço da empresa diferenciada em relação ao da empresa que não tem essa mesma vantagem competitiva.

LIDERANÇA EM CUSTOS COMO FONTE DE VANTAGEM COMPETITIVA

A Empresa I, na Figura 2.9 (B), que optou por não se diferenciar, poderia tentar seguir a referida estratégia de custos baixos. Nesse caso, a empresa opta por não querer se destacar em relação à concorrência. Portanto, a empresa desenvolve o produto ou serviço da mesma forma que a maioria das empresas de seu setor, tratando, no entanto, de lográ-lo com custos inferiores aos do restante das empresas. Um aspecto-chave é que essa empresa não pode concretizar seu produto ou serviço de forma inferior ao que fazem as empresas concorrentes para conseguir o mencionado custo baixo.

A liderança em custos propicia a ocupação de uma posição extremamente sólida. A empresa que dispõe dessa vantagem competitiva é inatacável enquanto mantiver essa posição. Se alguma empresa tentar ameaçar sua participação de mercado, ela o fará diminuindo o preço de seus produtos ou serviços, uma vez que, como vimos, esses produtos ou serviços são homogêneos em suas características. Nesse caso, como a empresa tem os preços mais baixos do setor, a empresa líder em custo sempre poderá igualar esse preço, obtendo, ainda, uma margem maior. Além disso, em consequência de uma posição de custos privilegiada, essa empresa sempre terá a opção de decidir por um preço inferior ao do resto das empresas do setor. No extremo, pode decidir por um preço com o qual seja a única empresa do setor com uma margem positiva. A Figura 2.9 representa essa posição de privilégio da empresa líder em custos.

Uma distinção importante é que a vantagem competitiva se apoia no fato de a empresa ter os custos mais baixos do setor, não em ter os preços mais baixos. Decidir pelos preços mais baixos é uma decisão estratégica, um poder de que dispõe a empresa líder em custos, fruto da vantagem competitiva de deter os custos mais baixos do setor. Qualquer empresa pode decidir praticar baixos preços de venda, porém, somente a empresa líder em custos conseguirá manter-se assim.

As fontes de liderança em custos podem ser diversas. A tecnologia é uma delas.

ESTUDO DE CASO

O caso da caneta moderna é ilustrativo dessa fonte de liderança em custos (tecnologia). Patenteada em 1938 pelo húngaro László József Bíró, a caneta moderna foi introduzida na Europa durante a Segunda Guerra Mundial, começando a ser vendida ao público em 1946. Num primeiro momento, a caneta era considerada um produto diferenciado, talvez até um produto de luxo, já que apresentava muitas das qualidades descritas dessa estratégia, principalmente no tocante à inovação, pois se tratava de um produto novo que oferecia possibilidades inéditas. Não obstante, em 1957, a empresa Bic passou a fabricar o mesmo produto, mas com uma mudança radical de estratégia: começou a produzir canetas de plástico, tecnologia que lhe permitiu reduzir muito os custos de produção. Converteu-se, por isso, na empresa líder em custos do setor graças a uma nova tecnologia.

O exemplo das canetas Bic pode ilustrar outras fontes de liderança em custos. Graças à diminuição do preço desse produto, as vendas tiveram um grande incremento. Essa elevada produção possibilitou que a empresa alcançasse grandes economias de escala, fenômeno gerado quando os custos unitários de um produto se reduzem à medida que aumenta o número de produtos fabricados. Desse modo, a empresa de maior tamanho tem custos menores.

As economias de escala[7] ocorrem não somente na área de produção, mas também em *marketing*, distribuição, P&D, serviços etc. De fato, o custo unitário de *marketing*, distribuição etc., no caso das canetas Bic, foi diminuindo à medida que suas vendas aumentavam.

As economias de escala em todas as áreas da empresa estão por trás da onda de fusões e aquisições que ocorrem no mercado. Muitas fusões fazem com que a empresa passe a ter escala mundial, como aconteceu na indústria de petróleo após a fusão entre a British Petroleum (BP) e a Amoco.

Um fenômeno parecido com as economias de escala é a curva de experiência[8] ou de aprendizagem. Essa fonte de liderança em custos surge à medida que uma empresa acumula conhecimento, prática. Normalmente, nesse caso, os custos diminuem ou a qualidade do produto ou serviço originado aumenta à medida que se acentua a experiência em sua realização.

Outras fontes de custos baixos podem ocorrer com o compartilhamento da produção a distribuição ou do *marketing* entre diferentes produtos relacionados de uma mesma companhia. Por exemplo, no setor de transporte aéreo, encontramos o caso das companhias Virgin, EasyJet e Ryanair, que copiaram de maneira exitosa a estratégia da Southwest Airlines nos Estados Unidos. Essas empresas alcançam os menores custos por diferentes causas: serviço de venda sem emissão de bilhete e sem intermediários (agências de viagem), pois vendem seus voos pela internet ou pelo telefone; menos serviços a bordo; domínio de mercados de curta distância e alta densidade de passageiros; rentabilização máxima das aeronaves

---

7   Outra fonte de liderança em custos.
8   Mais uma entre as fontes de liderança em custos.

(escolher um tipo moderno e eficaz de aeronave); e escolha de aeroportos mais baratos.

Nesse ponto, é fundamental que a empresa entenda muito bem o que seus clientes realmente valorizam, pois o resto pode ser considerado supérfluo e, portanto, pode ser eliminado. Essas linhas aéreas entenderam que os consumidores aos quais se dirigem valorizam os percursos curtos (entre uma ou duas horas), sobretudo o preço baixo, porém com um serviço atencioso, assim como uma alta frequência de voos. Em contrapartida, o que os clientes não valorizam é que lhes seja servido comida a bordo, ou ao menos valorizam pouco isso em comparação com a redução no preço de seu bilhete. A eliminação da comida a bordo implica uma economia muito mais significativa que o próprio preço desse almoço ou jantar: por exemplo, a redução do número de tripulantes até o limite imposto pelas normas do setor aéreo, a redução de pessoal em solo, o aumento do número de assentos da aeronave (no lugar do espaço dedicado à comida), a diminuição do tempo de limpeza do avião (o que possibilita o aumento do número de voos de uma aeronave por dia).

A experiência exitosa da Southwest na implementação dessa estratégia foi conseguir que suas aeronaves realizassem sete voos por dia em média no lugar de seis, podendo reduzir (graças à eliminação de comida a bordo) o custo de cada viagem de maneira expressiva.

Esse modelo de linhas aéreas demonstra perfeitamente a importância de a empresa conhecer o tipo de consumidor a que ela se dirige (e o tipo ao qual não deve fazê-lo), já que a maioria elimina a primeira classe e a classe *business* de seus aviões. Essas companhias eram conscientes de que dificilmente conseguiriam captar pessoas do segmento de classe alta e executivos em viagem de negócios, os quais exigem, além da possibilidade de dispor de comida e bebida de qualidade, mais espaço, serviços etc.

Finalmente, algumas fontes de liderança em custos mais difíceis de manter são aquelas que derivam de causas externas à empresa, como auxílios do governo, localização em áreas com baixos salários, preço das matérias-primas e o tipo de mudança da estrutura de custo que seja de fácil imitação pelos concorrentes. Essas fontes costumam ser efêmeras e facilmente imitáveis pela concorrência.

ESPECIALIZAÇÃO (ENFOQUE) COMO FONTE DE VANTAGEM COMPETITIVA

A análise do posicionamento, denominado *enfoque* ou *especialização*, diz respeito à definição de onde a empresa vai procurar criar valor.

A pergunta que norteia a discussão sobre esta terceira opção de posicionamento, na visão de Porter (citado por Besanko et al., 2012, p. 400), é a seguinte: "Em particular, uma empresa vai procurar criar valor em um amplo grupo de segmentos de mercado ou vai se concentrar em um estreito grupo de segmentos?".

Uma estratégia de ampla cobertura procura atender a todos os grupos de consumidores do mercado, oferecendo uma linha completa de produtos relacionados. Por sua vez, com uma estratégia de foco (enfoque ou especialização), uma empresa ou oferece um conjunto limitado de variedades de produtos ou atende um grupo limitado de clientes – ou procede das duas formas (Besanko et al., 2012).

Uma empresa pode comumente se especializar nos clientes, nos produtos ou geograficamente.

> Na especialização nos clientes, a empresa oferece uma quantidade de produtos relacionados a uma classe limitada de clientes. Na especialização nos produtos, a empresa produz um conjunto limitado de variedades de produto para uma classe de clientes potencialmente ampla. Na especialização geográfica, a empresa oferece uma variedade de produtos relacionados dentro de um mercado geográfico estreito. (Besanko et al., 2012, p. 403)

Esses diferentes tipos de especialização evidenciam que, como nas demais estratégias, existem diversas possibilidades de aplicação (avenidas e estradas secundárias que derivam da grande rodovia que é cada estratégia genérica).

A especialização, como comentado anteriormente, pode ocorrer geograficamente ou num segmento de mercado. Não obstante, é muito diferente especializar-se em um segmento ou em outro (por exemplo, competir no segmento infantil de roupas de varejo ou competir no segmento feminino), assim como é muito diferente especializar-se em uma área geográfica ou em outra[9]. Da mesma forma, no âmbito de cada especialização, uma empresa pode conseguir se diferenciar ou passar a ter custo baixo. Em definitivo, dependendo do tipo de especialização que uma empresa siga, esse será seu possível resultado (de rentabilidade e lucratividade), já que, indiscutivelmente, a qualidade da gestão da empresa ditará a última palavra.

DIMENSÕES ESTRATÉGICAS E POSICIONAMENTO

Com base na análise das estratégias genéricas, é quase óbvio que as três grandes divisões (liderança em custos, diferenciação e enfoque) são insuficientes para o nível de desagregação que é necessário para compreendermos a diversidade de opções que as empresas encontram e das quais necessitam para se posicionarem.

Precisamos separar ainda mais as empresas que compõem cada um dos três grupos (estratégias genéricas) segundo o comportamento estratégico. Para isso, temos de passar da ideia de estratégias genéricas para a de análise de dimensões estratégicas.

As dimensões estratégicas são simplesmente os diferentes caminhos pelos quais se podem alcançar estratégias genéricas, das quais essas dimensões se originam, portanto – ainda que exista um grupo de dimensões estratégicas que

---

9   Uma empresa que se especializa no mercado asiático ou dentro de um país específico concentra-se em atuar numa região restrita, em razão da regionalidade do consumo do produto. Um exemplo claro disso é o mercado de bebidas, dentro do qual há produtos como a Tubaína, que tem um consumo regionalizado.

não se origina de estratégias genéricas, conforme comentaremos a seguir.

Logo, podemos afirmar que, repetindo a metáfora da rodovia, se as estratégias genéricas são como três grandes rodovias que podem conduzir a empresa ao sucesso (em direção à vantagem competitiva), as dimensões estratégicas são as diferentes estradas, avenidas e até ruas que estão ao final de cada uma das rodovias (estratégias genéricas). Ainda que muitas estradas (dimensões estratégicas) partam de uma rodovia apenas (estratégia genérica), cada uma dessas rotas leva até destinos muito diferentes. A Figura 2.10 apresenta algumas dimensões estratégicas decorrentes de sua origem (estratégia genérica).

Apesar de não existir uma lista fechada de dimensões estratégicas, já que, a depender de cada setor, serão válidos alguns caminhos (estradas) e não outros para conseguir uma vantagem competitiva, procuramos enumerar as que se podem considerar como as dimensões mais usuais para a maioria dos setores. Elas foram mencionadas e agrupadas segundo a origem conforme apresentado na Figura 2.10. Nos tópicos anteriores, dedicados à vantagem competitiva, já comentamos sobre as diferentes formas pelas quais uma empresa pode alcançar cada estratégia genérica.

As dimensões estratégicas derivadas da **estratégia de diferenciação**, portanto, são as distintas formas de que uma empresa dispõe para conseguir a exclusividade perseguida:

- qualidade;
- inovação;
- *design*;
- P&D;
- liderança tecnológica;
- serviço;
- identificação de marca;
- seleção de canal;
- política de preços etc.

A forma de competir de uma empresa que pretende ter alta qualidade é diferente da assumida por outra empresa que oferece um serviço muito bom ou de uma terceira que inova constantemente. As três empresas se diferenciam, mas tanto o comportamento estratégico como o resultado a ser alcançado podem ser totalmente diferentes entre si.

No entanto, também pode ocorrer de uma empresa utilizar mais de uma dimensão estratégica. Normalmente, a inovação é produzida em empresas que têm alta capacidade de *design* ou que são tecnologicamente avançadas. Da mesma forma, por trás de uma grande marca costuma haver um componente de alta qualidade e/ou um grande *design* e/ou tecnologia etc.

FIGURA 2.10 – GRUPO DE ALGUMAS DIMENSÕES ESTRATÉGICAS SEGUNDO SUA ORIGEM

DERIVAM DE ESTRATÉGIAS GENÉRICAS

- Diferenciação
  - Qualidade
  - Serviço
  - *Design*
  - Tecnologia
  - Marca
  - Inovação
  - P&D
  - Canal
  - Preço etc.

- Liderança em custos
  - Economia de escala
  - Produtos relacionados
  - Curva de experiência
  - Tecnologia
  - *Design* de plantas
  - Melhor gestão
  - Externas (baixos salários, matérias-primas etc.)

- Enfoque
  - Segmento mercado → Qual segmento?
    - Custos → Qual fonte?
    - Diferenciação → Qual tipo?
  - Geograficamente → Qual mercado?
    - Custos → Qual fonte?
    - Diferenciação → Qual tipo?

CONFEREM CAPACIDADE ESTRATÉGICA DE MANOBRA
- Integração vertical
- Alavancagem (capacidade financeira e operacional)
- Relação com a matriz (companhias multinacionais)
- Relação com governos
- Alianças estratégicas etc.

Fonte: Elaborado com base em Porter, 1986; Gimbert, 2010, p. 261, tradução nossa.

Por sua vez, as dimensões estratégicas derivadas da **estratégia de liderança em custos** são fundamentadas nas diferentes fontes que essa estratégia tem. Essas dimensões estratégicas podem ser: economias de escala, curva de experiência, compartilhamento de produtos relacionados, tecnologia, desenho das plantas, qualidade da gestão, localização, preços dos *inputs*, ajudas governamentais. Outra vez verificamos que tanto a maneira de competir como o resultado são distintos entre empresas que seguem uma mesma estratégia genérica. Também, dependendo do setor, algumas dimensões são melhores que outras.

As dimensões estratégicas derivadas da **estratégia de enfoque** dependem da forma de especialização que a empresa escolhe. Basicamente há quatro possibilidades, resultantes da combinação dos dois tipos de objetivos estratégicos que uma empresa tem para se especializar: os geográficos e os de segmentos de mercado; e as duas formas básicas de obtenção de uma vantagem competitiva: por exclusividade ou custos. São muito diferentes tanto em maneira de competir como em resultado uma empresa que se especializa numa área geográfica do mercado e que segue a estratégia de custos e outra que foca um segmento de mercado perseguindo uma estratégia de exclusividade. Além disso, se considerarmos o que discutimos nos itens anteriores sobre as dimensões que derivam das estratégias de custos ou diferenciação, veremos que ainda poderíamos separar muito mais o comportamento estratégico das empresas especializadas. Por exemplo, no caso da empresa que está focada num segmento do mercado e que persegue uma estratégia de exclusividade, poderíamos distinguir o tipo de exclusividade que busca (qualidade, serviço, tecnologia etc.). No entanto, especializar-se em uma área geográfica ou em outra pode implicar comportamentos e resultados muito diferentes.

Até este ponto descrevemos as dimensões estratégicas que são derivadas das três estratégias genéricas, todas as quais são determinadas pelo propósito de se conseguir uma vantagem competitiva.

As dimensões que comentaremos agora não estão associadas diretamente à obtenção de uma vantagem competitiva, mas colaboram para que as dimensões anteriores resultem nisso. Por isso, dizemos que este grupo de dimensões confere à empresa capacidade estratégica de manobra. Exemplos dessas dimensões são a integração vertical, a alavancagem ou a capacidade financeira, o pertencimento a uma multinacional, uma boa relação com o governo, as alianças estratégicas etc. (ver Figura 2.10).

A integração vertical, que é o fato de a empresa ser seu próprio fornecedor ou cliente, pode, em algumas ocasiões, assegurar custos baixos, ao passo que, em outras oportunidades, pode favorecer a qualidade ou a tecnologia, além de garantir o fornecimento. A alavancagem positiva ou uma boa capacidade financeira confere à empresa a possibilidade de dispor de mais recursos a serem investidos em qualquer das dimensões originárias das estratégias genéricas. Fazer parte de uma multinacional costuma possibilitar o acesso a mais recursos em forma de tecnologia, técnicos especialistas em diversas áreas, dinheiro etc., que também podem ser empregados para potencializar uma ou várias dimensões. Finalmente, uma aliança estratégica com uma empresa bem selecionada pode facilitar a pesquisa, o desenvolvimento de um produto, a penetração num mercado etc.

Como vimos, passamos da distinção de três comportamentos estratégicos das empresas de um setor (estratégias genéricas) para a avaliação de diferenças sutis entre as condutas estratégicas dessas empresas (dimensões estratégicas).

GRUPOS ESTRATÉGICOS E POSICIONAMENTO ESTRATÉGICO

Neste ponto, após a análise das características dos tipos de posicionamentos, das estratégias genéricas que a estrutura microeconômica das indústrias podem oferecer e das diferentes condutas estratégicas que as empresas podem seguir a partir das estratégias genéricas, que são as dimensões estratégicas, podemos introduzir o importante conceito de *grupos estratégicos*.

Ao passo que a análise de segmentação emprega as características dos mercados como critério para desagregar um setor, a análise dos grupos estratégicos o faz a partir das estratégias das empresas que atuam no setor.

Um grupo estratégico é "o conjunto de empresas de um setor que seguem a mesma ou similar estratégia ao longo das dimensões estratégicas" (Porter, 1986, p. 133). Entre estas se encontram, por exemplo, a gama de produtos, as áreas geográficas, a seleção de canais de distribuição, o nível de qualidade do produto, o grau de integração vertical e a tecnologia.

Ao selecionar as dimensões estratégicas mais importantes e classificar as empresas em função das dimensões estratégicas escolhidas, é possível identificar os grupos de empresas que competem de forma mais ou menos parecida no setor (Grant, 2006). A Figura 2.11 apresenta os principais grupos estratégicos no setor automobilístico mundial.

FIGURA 2.11 – GRUPOS ESTRATÉGICOS NO SETOR AUTOMOBILÍSTICO MUNDIAL

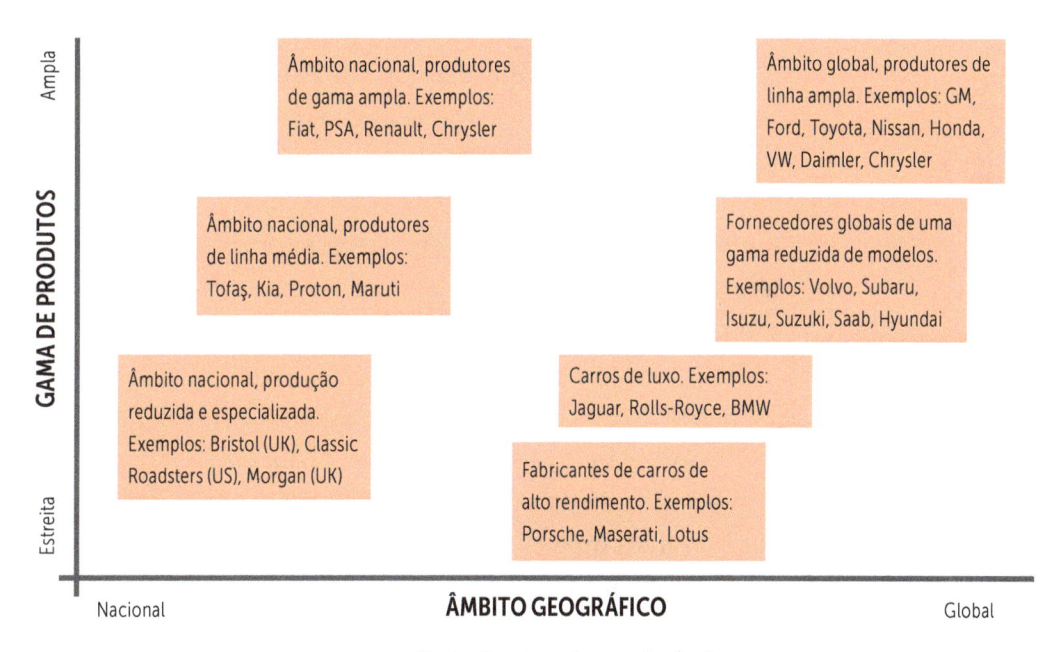

Eixo vertical: GAMA DE PRODUTOS (Estreita a Ampla)
Eixo horizontal: ÂMBITO GEOGRÁFICO (Nacional a Global)

- Âmbito nacional, produtores de gama ampla. Exemplos: Fiat, PSA, Renault, Chrysler
- Âmbito global, produtores de linha ampla. Exemplos: GM, Ford, Toyota, Nissan, Honda, VW, Daimler, Chrysler
- Âmbito nacional, produtores de linha média. Exemplos: Tofaş, Kia, Proton, Maruti
- Fornecedores globais de uma gama reduzida de modelos. Exemplos: Volvo, Subaru, Isuzu, Suzuki, Saab, Hyundai
- Âmbito nacional, produção reduzida e especializada. Exemplos: Bristol (UK), Classic Roadsters (US), Morgan (UK)
- Carros de luxo. Exemplos: Jaguar, Rolls-Royce, BMW
- Fabricantes de carros de alto rendimento. Exemplos: Porsche, Maserati, Lotus

Fonte: Grant, 2006, p. 175, tradução nossa.

A maior parte da investigação empírica sobre grupos estratégicos está focada na análise das diferenças de rentabilidade entre as empresas (Cool; Schendel, 1987). O argumento básico é que as barreiras de mobilidade entre grupos estratégicos permitem a alguns grupos ser a forma persistente mais rentável que outros. Em geral, a proposição de que as diferenças de rentabilidade dentro dos grupos são menores que as diferenças entre grupos não recebeu um suporte empírico sólido (Cool; Dierickx, 1993). A inconsistência dos resultados empíricos pode ocorrer em razão do fato de que os membros de um mesmo grupo estratégico, ainda que tenham estratégias similares, não têm por que competir necessariamente entre si. Por exemplo, no setor das linhas aéreas europeias, empresas de baixo custo, como a EasyJet, a AirOne, a Virgin Express, a Volare, a Ryanair ou a Sky Europe, praticam estratégias similares, mas, em geral, não competem nas mesmas rotas. A análise de grupos estratégicos é muito útil para identificar nichos dentro de um setor, assim como a definição de estratégia como posicionamento das empresas; no entanto, é menos útil como ferramenta para analisar as diferenças de rentabilidade entre empresas (Smith; Grima; Wally, 1997). Essa concepção dos grupos estratégicos constitui um mecanismo valioso para descrever a estrutura de um setor em termos de definição de uma estratégia como posição, respaldado por estudos cognitivos que mostram que os executivos de um setor têm percepções consistentes sobre os grupos de empresas no setor (Grant, 2006).

BARREIRAS À MOBILIDADE E MAPAS ESTRATÉGICOS

Avançando nas reflexões acerca dos elementos que afetam a definição de uma estratégia como posição, preciamos abordar mais uma questão: Por que as empresas de um grupo estratégico pouco rentável não se incorporam a um grupo com maiores lucros? Ou, o que é o mesmo, por que as companhias dos grupos menos favorecidos não limitam as dimensões estratégicas dos melhores grupos? (Gimbert, 2010).

Segundo Gimbert (2010), a resposta é tanto clara como simples: porque não podem. Se as cinco forças do modelo de Porter atuam de modo diferente nos distintos grupos, as barreiras de entrada a cada grupo estratégico também podem ser diferentes. Contudo, nesse caso, como são barreiras que, no lugar de impedir a entrada ao setor (as empresas já pertencem a ele), impedem a empresa de se mover de um grupo para outro, recebem o nome de *barreiras à mobilidade*.

Portanto, os fatores que podem ser barreiras à mobilidade entre grupos estratégicos para as empresas de um setor são os mesmos que podem ser barreiras de entrada: economias de escala, diferenciação do produto, requisitos de capital etc.

As barreiras à mobilidade explicam por que dificilmente as empresas de programas de *software* poderão imitar a Microsoft; as de distribuição, o Walmart; as de refrigerante, a Coca-Cola; as de aviação, a British Airways; as de ócio, a Disney; as de comida rápida, o McDonald's etc. A questão não é exatamente que não podem imitá-las, e sim que fazê-lo demanda muito esforço, além de investimento de recursos (financeiros, humanos, tecnológicos), sem contar o constante risco de não conseguir fazer isso ou de realizá-lo em demasiado tempo, quando o grupo em questão já tiver evoluído.

Para finalizar a análise, gostaríamos de destacar a prática da elaboração do mapa estratégico dos grupos estratégicos, que é uma maneira de facilitar a compreensão de todas essas questões. Trata-se de uma forma gráfica de apresentar os grupos estratégicos de um setor. Porém, em razão da limitação de o mapa ser representado em duas dimensões estratégicas (ver Figura 2.11), não é suficiente a elaboração de um mapa apenas, uma vez que teríamos informações de duas dimensões somente. Num setor, normalmente, existem mais de duas dimensões que são barreiras à mobilidade, as quais precisam ser representadas, pois são as dimensões estratégicas fundamentais para o sucesso de um grupo estratégico. As barreiras à mobilidade explicam, como já foi comentado, a maior rentabilidade do grupo que as possui, já que, pelo fato de não poderem ser imitadas, evitam o deslocamento de outras empresas do setor em direção ao grupo (o que mantém essa rentabilidade superior).

Com base em um mapa estratégico, é possível refletir sobre várias questões. Uma primeira – e óbvia – diz respeito à situação competitiva de cada grupo: "Qual grupo está em melhor situação e por quê?". Outras são: "Quais barreiras à mobilidade serão mais duradouras?"; "Que expectativas gerais tem cada grupo?"; "Existe algum grupo marginal numa situação desesperadora?". Além disso, é possível analisar a reação dos diferentes grupos em face das tendências do setor, por exemplo: "Como a globalização ou uma eventual crise numa região do mundo afeta o grupo?"; "O que podem fazer a esse respeito?"; "Para onde tentarão se mover dentro de cada mapa?".

Portanto, podem ser previstos possíveis movimentos competitivos e mudanças de dimensões e, por consequência, de estratégia das empresas que fazem parte do grupo. Também se pode destacar uma zona dentro de algum mapa na qual não está colocada nenhuma empresa e que pode representar uma boa oportunidade.

Tendo isso em vista, podemos concluir este capítulo que discute a estratégia como posição afirmando que, para definir um posicionamento, uma empresa necessita definir o grupo estratégico no qual deseja competir. Também podemos apontar que a rentabilidade de uma empresa depende de quatro níveis: i) do setor em que se compete; ii) do grupo estratégico em que está situada a empresa; iii) da posição da empresa dentro de seu grupo; e iv) de como se desenvolverá a execução dessa estratégia, uma vez que, como foi mencionado anteriormente, o dinamismo é uma característica fundamental do mundo empresarial. Portanto, os mapas estratégicos em particular, assim como o resultado de qualquer instrumento estratégico em geral, são fotos válidas unicamente no momento em que foi realizada a análise.

Entre os 5 Ps da estratégia de Mintzberg et al. (2007), nesta releitura, estendemos a visão da estratégia como posição em função de nossa interpretação de que nela residem as maiores dificuldades de definição na prática das empresas, mas também pelo fato de ser esse aspecto da estratégia o elemento responsável por explicar as principais causas de sucesso e de fracasso dos empreendimentos.

Como podemos verificar na Figura 2.12, as empresas normalmente se aglomeram em torno de um punhado de posições estratégicas, deixando outras vazias. Sobre isso afirma Gavetti (2011, p. 4):

Dada a intensa concorrência no pico dessas montanhas, fica difícil para a empresa conseguir retornos polpudos. Há oportunidades melhores em cumes desocupados. Por serem "cognitivamente distantes" (afastadas do *status quo*), são difíceis de reconhecer e de explorar. Logo, a concorrência ali é fraca. Na hora de identificar oportunidades superiores, estrategistas são treinados para analisar forças econômicas. Só que essa análise em geral não produz o tipo de ideia que desbanca o *status quo*.

Essa análise de Gavetti (2011) reforça a necessidade do estrategista de realizar todas as análises comentadas anteriormente, com o auxílio que for necessário para construir uma condição de lucidez para perceber toda a cordilheira de oportunidades de posições ocupadas e a serem ocupadas, a fim de poder definir com maior clareza e menos riscos aquela posição que poderá proporcionar os melhores resultados para a empresa. No entanto, quando Gavetti (2011) afirma que somente a análise de forças econômicas não basta para desbancar o *status quo*, ele traz para a discussão uma característica complementar ao processo de definição da estratégia como posição, que é o papel e a característica do líder do processo estratégico na empresa. Todas as análises discutidas neste capítulo são necessárias para proporcionar uma compreensão profunda do setor, do grupo estratégico, do negócio, das influências do macroambiente e das caraterísticas internas e seu alinhamento com as condições oferecidas pelo ambiente externo à empresa. Contudo, quando essa visão oferecida por todas essas análises é complementada pela liderança estratégica de um gestor que tem repertório, experiência e consegue fazer outras conexões, fica mais fácil superar o *status quo* e enxergar posições realmente inovadoras ou pelo menos adequadas para gerar a maior rentabilidade possível.

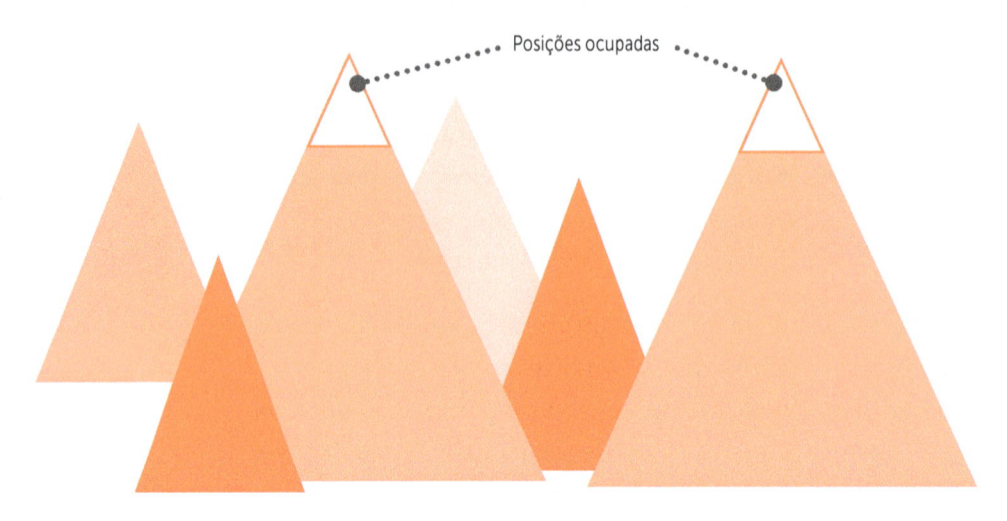

FIGURA 2.12 – A CORDILHEIRA DE POSICIONAMENTOS ESTRATÉGICOS

Posições ocupadas

Fonte: Elaborado com base em Gavetti, 2011, p. 4.

O posicionamento estratégico pode ser considerado, então, como o ato de olhar para a cordilheira do mercado e definir o pico que se deseja atingir e que está ao alcance, aquele que pode vir a maximizar a rentabilidade. A perspectiva é o ato de olhar para dentro de si e construir a visão da cordilheira como um todo, aferindo que aquela é realmente a direção correta a ser seguida. No entanto, depois de definir o pico ou os picos a ocupar, é necessário traçar e realizar a trajetória rumo à conquista da posição almejada, tarefa que corresponde à estratégia como plano, um dos temas do próximo capítulo.

SÍNTESE

Este capítulo apresentou os diversos aspectos que estão relacionados com a estratégia como posição. Este é um dos capítulos mais extensos do livro justamente em razão de os temas que discutem a relação da empresa com o ambiente externo, sua natureza e diversidade de interações serem os mais discutidos na literatura sobre estratégia. Vimos como ocorre a interação da organização não apenas com as variáveis do macroambiente, mas principalmente com o microambiente, no qual a seara da competição é desenvolvida com maior intensidade. Por isso, destacamos a análise do setor (ou análise da indústria) como a principal técnica que a organização utiliza para compreender qual é o posicionamento mais adequado a ser ocupado no ambiente, visando à conquista de vantagem competitiva.

Neste capítulo, ainda, mostramos como se definem os principais conceitos relacionados com a estratégia como posição, tais como os de vantagem competitiva, criação de valor, posicionamento, estratégias genéricas, dimensões estratégicas, grupos estratégicos e mapas estratégicos. Esses conceitos fazem parte da discussão que busca examinar como a organização cria valor e como pode maximizar a criação desse valor, que é a conquista de vantagem competitiva, ou seja, a obtenção de um desempenho superior no setor de atuação. Porém, como você pôde ver, esse desempenho será estratégico quando for um desempenho sustentável. Para isso, é fundamental entender quais são as fontes de desempenho sustentável: por exemplo, a liderança em custos ou a diferenciação alcançada pela empresa – tanto num alvo amplo (vários segmentos) quanto num alvo estreito (segmento específico). Essa é a essência da definição da estratégia como posição.

3

ESTRATÉGIA COMO PLANO E ESTRATÉGIA COMO PRETEXTO

CONTEÚDOS DO CAPÍTULO:

- Cadeia de valor como suporte ao posicionamento estratégico.
- Recursos, capacidades e competências como suporte ao posicionamento estratégico.
- Ferramentas de desdobramento do posicionamento estratégico em objetivos, metas e programas de ação.
- Sistemas de controle e acompanhamento do processo de implementação do plano.
- Estratégia como pretexto.

APÓS O ESTUDO DESTE CAPÍTULO, VOCÊ SERÁ CAPAZ DE:

1. identificar que a estratégia pode ser percebida como um plano, necessário para dar suporte ao posicionamento definido por uma empresa;
2. compreender a importância da definição de cadeias de valor interna e externa de maneira coerente com o tipo de posicionamento escolhido pela empresa;
3. entender que a definição de um plano demanda a identificação de recursos, capacidades e competências que a empresa necessita articular para desenvolver vantagem competitiva sustentável;
4. compreender o processo de planejamento estratégico como um processo fundamental de implementação estratégica;
5. identificar os sistemas de controle mais adequados para dar suporte à implementação do plano definido por uma empresa;
6. compreender o Balanced Scorecard como uma ferramenta de sistematização do plano da organização;
7. compreender a estratégia como pretexto como elemento do plano.

Neste capítulo, veremos dois dos 5 Ps da estratégia que se inter-relacionam de forma mais direta. Entendemos aqui que a estratégia como plano, sobre a qual discorreremos primeiro de forma detalhada, é diretamente integrada pela estratégia como pretexto. A segunda apresenta, em relação à primeira, uma característica adicional, que é a de ser um movimento rápido (ou uma manobra) que a empresa realiza para se antecipar à concorrência. Exatamente por esse motivo que, para que não houvesse chance de serem consideradas uma coisa só, Mintzberg et al. (2007) preferiram considerar *pretexto* como um dos outros Ps. Como veremos neste capítulo, a estratégia como pretexto, embora guarde as mesmas características (de intencionalidade e definição antecipada) da estratégia como plano, apresenta a mencionada característica "a mais".

3.1 ESTRATÉGIA COMO PLANO

O terceiro P do modelo dos 5 Ps da estratégia de Mintzberg et al. (2007) aqui desenvolvido corresponde à estratégia como plano. Mintzberg et al. (2007, p. 24) afirmam: "para quase todos a quem você perguntar, estratégia é um plano – algum tipo de curso de ação conscientemente pretendido, uma diretriz (ou conjunto de diretrizes) para lidar com uma situação". Assim como uma criança utiliza uma "estratégia" para pular uma cerca, uma corporação utiliza uma estratégia para capturar um mercado, o que representa um exemplo de plano (Mintzberg et al., 2007).

Mintzberg et al. (2007) destacam que a definição de estratégia como plano se baseia em duas características essenciais das estratégias: **são criadas antes das ações** às quais vão se aplicar e **são desenvolvidas consciente e propositalmente**. Mintzberg et al. (2007) apresentam, para exemplificar como a estratégia como plano ocorre nas organizações, um conjunto de definições em diversos campos que reforçam essa visão:

- no campo militar: estratégia está relacionada à "criação de um plano de guerra... preparação das campanhas individuais e, dentro delas, decisão do comprometimento individual" (Von Clausewitz, 1976: 177)
- na teoria dos jogos: estratégia é "um plano completo: um plano que especifica que escolhas [o jogador] vai fazer em cada situação possível" (Von Newman e Morgenstern, 1944:79)
- em administração: "estratégia é um plano unificado, amplo e integrado... criado para assegurar que os objetivos básicos da empresa sejam atingidos" (Glueck, 1980: 9). (Mintzberg et al., 2007, p. 24)

Como planos, as estratégias podem ser classificadas como gerais ou específicas. No entanto, um elemento que de fato caracteriza a estratégia como plano é o fato de ela ser um guia para o futuro, ou seja, o primeiramente surge o plano e depois surgem as ações, que são decorrências das definições presentes no plano.

Para a discussão acerca deste P da estratégia (plano) e de seu aprofundamento, vamos considerar os principais conceitos, processos e técnicas que se caracterizam como aspectos intencionais, deliberados, definidos antecipadamente, relacionados com o futuro desejado pelas organizações e que dão suporte ao posicionamento definido e estão alinhados à perspectiva. Dessa forma, vamos desenvolver aqui como aspectos de plano a aplicação do conceito de cadeia de valor e a busca consciente de todos os elementos que sejam necessários para alimentar as fontes da vantagem competitiva com base no posicionamento definido, como a liderança em custos, a diferenciação e a busca pela especialização (enfoque).

Tudo o que for necessário para alimentar ou gerar essas fontes da vantagem competitiva será tratado como estratégia como plano. Podemos citar como exemplos: a condução dos recursos, das capacidades e das competências da organização; as ferramentas de desdobramento de planos (objetivo e metas), sistemas de controle e acompanhamento estratégico etc.; e a gestão da cadeia de valor em harmonia com o posicionamento, como já comentado.

3.1.1 CADEIA DE VALOR COMO SUPORTE AO POSICIONAMENTO ESTRATÉGICO

Para tratarmos do conceito de *cadeia de valor*, temos de considerar dois aspectos: o foco interno, quando a analisamos de um ponto de vista das atividades internas da empresa, e o foco externo, quando a analisamos de um ponto de vista dos fatores que ultrapassam as fronteiras da empresa.

Vamos nos aprofundar nos aspectos internos e na relação deles com o posicionamento estratégico da empresa, fazendo, para isso, as relações necessárias com o foco externo, pois são dois aspectos que não podem ser desvinculados no processo de gestão estratégica de uma empresa, sendo, portanto, parte da estratégia como plano.

Podemos compreender uma empresa como uma sucessão de atividades (desde P&D até serviços de pós-venda, passando por produção, *marketing*, vendas, entre outras), sendo que cada uma adiciona valor ao produto ou serviço que a empresa oferece ao mercado. Esta nova ferramenta (o mapeamento da cadeia de valor) adiciona novas e interessantes perspectivas estratégicas.

A exposição da cadeia de valor da empresa mais usualmente considerada é a que foi realizada por Michael Porter (Porter, 1989). A Figura 3.1 apresenta a visão desse autor sobre como a cadeia de valor interna de uma empresa pode ser compreendida.

Uma das contribuições mais importantes do esquema de Porter é ter dividido as atividades da empresa em dois grupos – as atividades primárias e as atividades de apoio –, assim como ter remarcado a importância da margem como tradução de uma efetiva criação de valor, sendo resultado da diferença entre o valor criado e o custo em que a empresa incorreu nas diferentes atividades.

- As **atividades primárias** são as que estão em contato direto com o produto ou serviço. Portanto, são as atividades que estão implicadas na criação física do produto ou na realização do serviço, em seu transporte, em sua venda e na assistência posterior à venda. Como consequência, trata-se da logística (interna e externa), das operações, do *marketing*, das vendas e dos serviços.
- As **atividades de apoio**, como o nome indica, sustentam as atividades primárias, além de se apoiarem entre si. Essas atividades viabilizam para todas as atividades primárias as compras necessárias, a tecnologia requerida, os recursos humanos indispensáveis, assim como as funções de gestão que são imprescindíveis, desde a estratégia até as finanças e a contabilidade, passando pelos assuntos legais etc.

FIGURA 3.1 – CADEIA DE VALOR DA EMPRESA

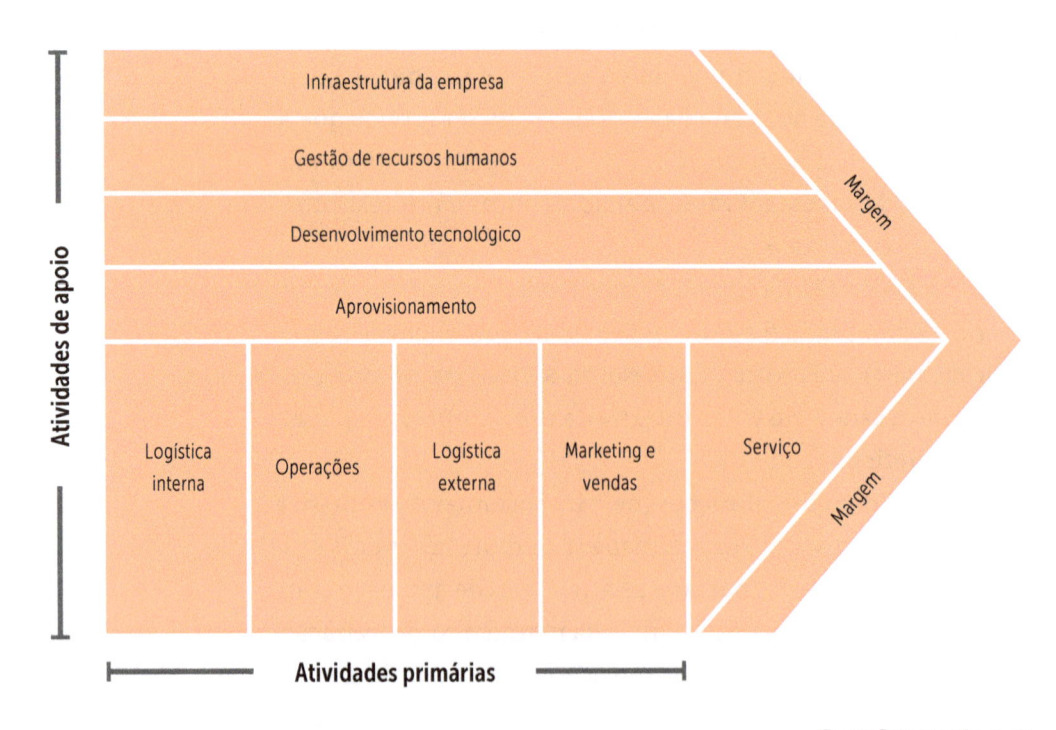

Atividades de apoio:
- Infraestrutura da empresa
- Gestão de recursos humanos
- Desenvolvimento tecnológico
- Aprovisionamento

Atividades primárias:
- Logística interna
- Operações
- Logística externa
- Marketing e vendas
- Serviço

Margem

Fonte: Porter, 1989, p. 35

Como podemos observar na Figura 3.1, as atividades de apoio podem dar suporte a todas as atividades primárias (ou a cada uma delas) – por exemplo, a atividade de recursos humanos é demandada por todas as atividades primárias, assim como todas as atividades necessitam de *inputs*, atendidas pelo aprovisionamento, que é uma atividade de apoio, e assim por diante. Obviamente, cada uma dessas atividades (as primárias e as de apoio) pode subdividir-se em outras se, para melhor reflexão, for conveniente. Assim, por exemplo, a produção (operações) poderia subdividir-se em atividades primárias como fabricação de componentes, processo, envase, controle de qualidade etc.

Ainda que o modelo de cadeia de valor da empresa de Porter seja o mais conhecido, uma apresentação mais simples talvez pudesse ser mais compreensível para as diferentes reflexões que podem ser realizadas com base nesse instrumento.

Um exemplo de representação mais simples da cadeia de valor de uma empresa poderia ser:

> P&D ⇒ Compras ⇒ Produção ⇒ Logística ⇒ MKT ⇒ Vendas ⇒ Distrib. ⇒ Serviços

É óbvio que cada empresa terá uma cadeia de valor diferente, de acordo com seu setor e com as atividades que realiza. Um exemplo de quão diferente pode ser uma cadeia de valor de uma empresa em relação à de outra seria uma possível cadeia de valor de uma empresa de aviação, a saber:

> Venda de bilhetes ⇒ Faturação ⇒ Embarque ⇒ Tripulação ⇒ Compra/Desenho de aviões ⇒ Serviço de bordo ⇒ Gestão de bagagem ⇒ Reclamações/Serviço ao cliente

Também nesse caso podemos acompanhar o fluxo de atendimento do passageiro, desde a primeira atividade até a última.

A cadeia de valor é uma importante ferramenta de análise da situação interna da empresa, mas é principalmente uma forma de avaliar como a organização deve moldar sua cadeia de valor de acordo com o posicionamento estratégico adotado. Ou seja, se empresa se posiciona por custo, sua cadeia de valor deve ser moldada de maneira coerente para dar suporte a esse posicionamento (trata-se, pois, de um movimento de estratégia como plano). Caso a empresa se posicione no mercado com diferenciação, a respectiva cadeia de valor deve dar o suporte adequado para que esse posicionamento seja também suportado por ela.

A Figura 3.2 ilustra uma cadeia de valor moldada para dar suporte a uma empresa posicionada com liderança de custos. A Figura 3.3, por sua vez, ilustra uma cadeia de valor moldada para dar suporte a uma empresa posicionada com diferenciação.

FIGURA 3.2 – EXEMPLO DE CADEIA DE VALOR COERENTE COM O POSICIONAMENTO DE LIDERANÇA EM CUSTOS

Funções de suporte

Finanças
Administrar recursos financeiros para garantir fluxo de caixa positivo e custos baixos com dívidas.

Recursos humanos
Desenvolver políticas para garantir contratações eficientes e retenção para manter os custos baixos. Implementar treinamento para garantir alta eficiência por parte dos funcionários.

Sistemas de gerenciamento de Informações (*Management Information System* – MIS)
Desenvolver e manter operações MIS eficazes em termos de custos.

Clientes

Atividades da cadeia de valor

Gerenciamento da cadeia de abastecimento	Operações	Distribuição	Marketing (incluindo vendas)	Serviço de acompanhamento
Relacionamento efetivo com fornecedores para manter um fluxo eficiente de bens (suprimentos) para operações.	Construção de economias de escala e operações eficientes (por exemplo, processos de produção).	Utilização de modos de custo baixo para transporte de bens e entregas pontuais que geram menos gastos.	Publicidade direcionada e preços baixos para grandes volumes de vendas.	Acompanhamento eficiente para reduzir devoluções.

Fonte: Hitt; Ireland; Hoskisson, 2018, p. 93.

FIGURA 3.3 – EXEMPLO DE CADEIA DE VALOR COERENTE COM O POSICIONAMENTO DE DIFERENCIAÇÃO

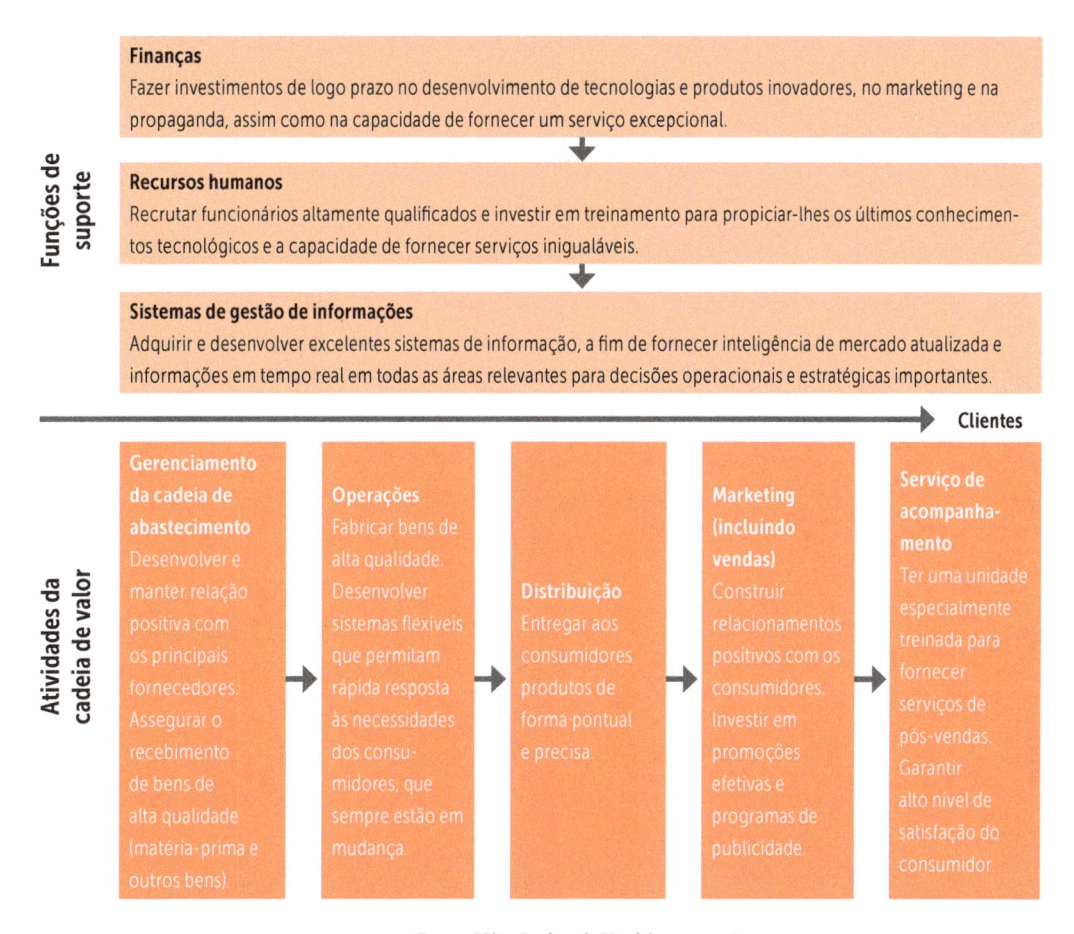

Funções de suporte

Finanças
Fazer investimentos de logo prazo no desenvolvimento de tecnologias e produtos inovadores, no marketing e na propaganda, assim como na capacidade de fornecer um serviço excepcional.

Recursos humanos
Recrutar funcionários altamente qualificados e investir em treinamento para propiciar-lhes os últimos conhecimentos tecnológicos e a capacidade de fornecer serviços inigualáveis.

Sistemas de gestão de informações
Adquirir e desenvolver excelentes sistemas de informação, a fim de fornecer inteligência de mercado atualizada e informações em tempo real em todas as áreas relevantes para decisões operacionais e estratégicas importantes.

Atividades da cadeia de valor → Clientes

Gerenciamento da cadeia de abastecimento
Desenvolver e manter relação positiva com os principais fornecedores. Assegurar o recebimento de bens de alta qualidade (matéria-prima e outros bens).

Operações
Fabricar bens de alta qualidade. Desenvolver sistemas flexíveis que permitam rápida resposta às necessidades dos consumidores, que sempre estão em mudança.

Distribuição
Entregar aos consumidores produtos de forma pontual e precisa.

Marketing (incluindo vendas)
Construir relacionamentos positivos com os consumidores. Investir em promoções efetivas e programas de publicidade.

Serviço de acompanhamento
Ter uma unidade especialmente treinada para fornecer serviços de pós-vendas. Garantir alto nível de satisfação do consumidor.

Fonte: Hitt; Ireland; Hoskisson, 2018, p. 97.

Como o esforço de adequar a cadeia de valor de maneira coerente com o posicionamento estratégico da empresa, seja por liderança em custos, seja por diferenciação, é algo intencional por parte da empresa, tratar da cadeia de valor neste momento corresponde à visão de estratégia como plano.

CADEIA DE VALOR DO SETOR: SISTEMA DE VALOR

A cadeia de valor do setor amplia o conceito de *setor* ao incluir qualquer atividade que seja necessária para poder realizar o produto ou serviço final. Da mesma forma, podemos afirmar que amplia o eixo horizontal das cinco forças competitivas descritas anteriormente, sem se limitar à relação do último nível de fornecedores ⇒ setor ⇒ cliente (que, se não for o consumidor final, será, por sua vez, fornecedor de outro setor). Ao contrário, busca contemplar essa sucessão de atividades de diferentes setores, desde a origem até o consumidor final, como podemos visualizar na Figura 3.4.

Como exemplo, podemos citar a cadeia de valor do setor automobilístico, na qual podemos incluir desde a primeira atividade necessária para a fabricação do produto, como no caso das empresas mineiras de extração de minerais úteis para a produção de algumas das peças de um carro, até a última possível atividade, que pode ser a ralizada pela concessionária, que leva o produto até o consumidor final. Entre essas duas atividades existem outros níveis, como as empresas siderúrgicas, as quais, com uso dos minerais impuros das empresas mineiras, obtêm chapas já preparadas para utilização industrial, ainda que a tendência seja serem substituídas por empresas petroquímicas (outro tipo de fornecedores desse nível). Obviamente, as montadoras, com o uso de diversos componentes de diferentes setores fornecedores, fabricam o produto final.

Essa relação entre as atividades de toda a cadeia de valor, que ultrapassa as fronteiras da empresa e avança para os diversos elos da cadeia de valor do setor, forma o que se denomina **sistema de valor** ou **rede de valor**. O estrategista deve analisar não apenas as oportunidades de ações estratégicas que sejam necessárias para dar suporte à estratégia como posição nas relações da cadeia de valor interna (ver Figura 3.2), como também as oportunidades de relações oferecidas pelas atividades externas (*joint-venture*, associações, parcerias, fusões, aquisições etc.) que possam reforçar o posicionamento da empresa e maximizar o valor criado. Essas ações, sendo intencionais, assumem, então, o caráter de estratégia como plano.

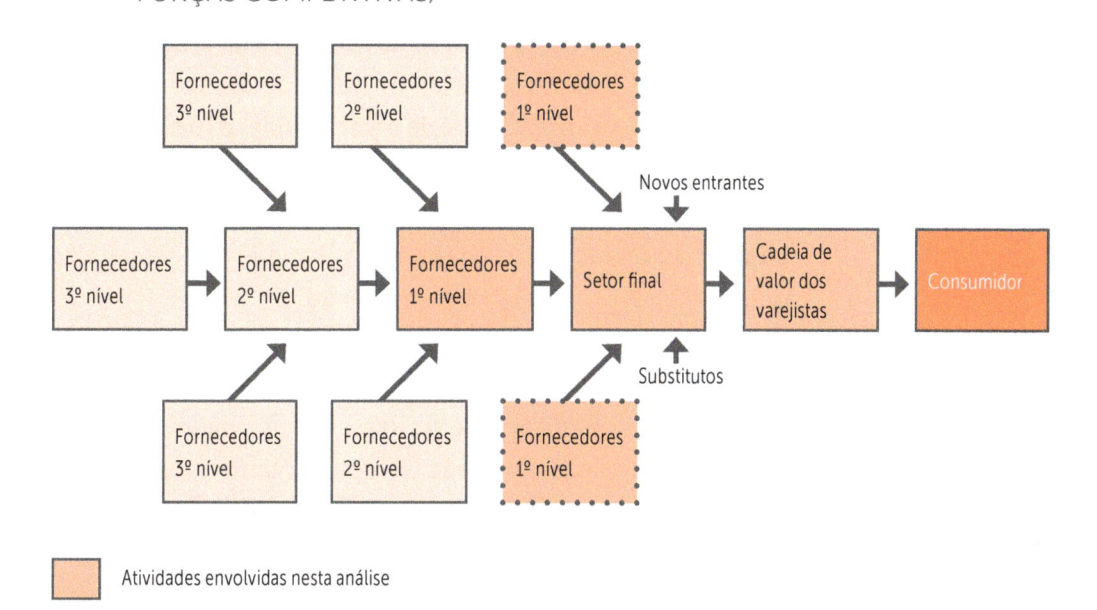

FIGURA 3.4 – CADEIA DE VALOR DO SETOR (DESTAQUE PARA AS DIFERENÇAS EM RELAÇÃO À ANÁLISE DAS CINCO FORÇAS COMPETITIVAS)

Fonte: Elaborado com base em Gimbert, 2010, p. 266, tradução nossa.

Como vimos, a organização precisa moldar a cadeia de valor interna (atividades primárias e atividades de apoio) a fim de dar suporte coerente para o posicionamento estratégico definido. Porém, vale aqui ressaltar, é importante ter uma visão mais sistêmica e observar os elos externos tanto para trás (fornecedores e fornecedores dos fornecedores) quanto para a frente (canais de distribuição e consumidor final), todos os quais formam o sistema de valor, que deve ser explorado para facilitar a maximização do valor a ser criado pela empresa.

3.1.2 RECURSOS, CAPACIDADES E COMPETÊNCIAS COMO SUPORTE AO POSICIONAMENTO ESTRATÉGICO

Como foi discutido anteriormente, a definição da estratégia como posição direciona o foco para a relação da empresa com o ambiente externo (tanto macro quanto micro), estando a preocupação central na determinação de qual relação produto-mercado poderá oferecer a maximização de valor criado pela empresa (trata-se, portanto, de mais um movimento de estratégia como plano).

Para isso, a compreensão da dinâmica do ambiente macro e do comportamento do setor (nível de competitividade e, consequentemente, o nível de atratividade) é fundamental para a definição do posicionamento correto, que seja valioso e exclusivo. No entanto, a seara de atuação do gestor para poder dar suporte ao posicionamento adequado da empresa no ambiente externo é o ambiente interno.

Por isso, neste tópico, nossa atenção será deslocada para a relação entre a estratégia e o ambiente interno da empresa e, mais especificamente, entre recursos e capacidades. Faremos isso porque uma forma de construir o plano é justamente definir recursos e a maneira pela qual estes podem ser articulados a fim de darem suporte à posição da empresa. Esta é essência do plano: saber articular os recursos para apoiar a posição da empresa.

Na Figura 3.5, Grant (2006) apresenta a interação entre os aspectos internos e externos da empresa com a estratégia definida. Para tanto, destaca e situa o papel do ambiente interno, em seus diversos aspectos, para o suporte à estratégia da empresa. As ações internas se vinculam ao conceito de estratégia como plano, examinado por Mintzberg et al. (2007) quando descrevem as características de intencionalidade e de antecipação à ação.

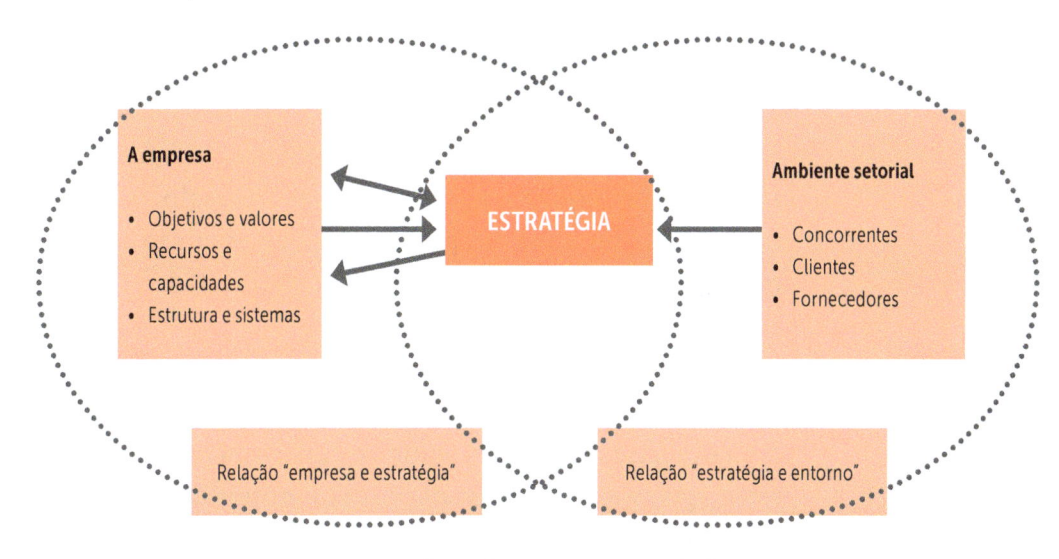

FIGURA 3.5 – ANÁLISE DE RECURSOS E CAPACIDADES:
RELAÇÃO ENTRE A ESTRATÉGIA E A EMPRESA

A empresa
- Objetivos e valores
- Recursos e capacidades
- Estrutura e sistemas

ESTRATÉGIA

Ambiente setorial
- Concorrentes
- Clientes
- Fornecedores

Relação "empresa e estratégia"

Relação "estratégia e entorno"

Fonte: Grant, 2006, p. 181, tradução nossa.

O interesse da estratégia empresarial pelos recursos e pelas capacidades contrasta com o papel que a análise dos recursos sempre desempenhou na estratégia militar (Grant, 2006). A posse de recursos superiores sempre teve um papel importante no resultado de muitas guerras. Na formação de oficiais militares, um dos aspectos mais importantes para a avaliação do desempenho dos alunos nas manobras militares de que participam é justamente a capacidade que possuem, quando colocados na situação de comando, de prever com precisão e antecipação os recursos realmente necessários e suficientes para dar conta de realizar a ação militar idealizada.

Muitas vezes, a definição do que deve ser feito é muito bem concebida, mas o aspirante a oficial sucumbe na falta de capacidade de providenciar (definir e planejar) todos os recursos fundamentais para a execução da missão.

A VISÃO/ABORDAGEM/ESTRATÉGIA BASEADA NOS RECURSOS E NAS CAPACIDADES

Na década de 1990, a abordagem dos recursos e das capacidades ganhou força como fundamento da estratégia e fonte de rentabilidade, dando lugar ao que ficou conhecido como **visão baseada em recursos** (VBR)[1]. A ideia central dessa abordagem é que a empresa consiste essencialmente num conjunto de recursos e capacidades e que estes são os determinantes principais da estratégia e dos resultados da mencionada organização (Grant, 2006).

Para ficar claro por que a abordagem baseada em recursos teve um impacto tão importante no pensamento estratégico, é preciso retornar ao ponto de partida da formulação da estratégia, que consiste na declaração sobre a identidade e o propósito da empresa (normalmente explicitada como uma declaração de missão), conforme já discutido no Capítulo 1.

Para estabelecer essa identidade, é útil responder à pergunta: "Qual é nosso negócio?". Tradicionalmente, as empresas têm definido seus negócios em função do mercado a que atendem, razão pela qual a pergunta muda para: "Quem são nossos clientes?"; "A que necessidades pretendemos atender?" (Grant, 2006). No entanto, num mundo onde as preferências dos clientes são voláteis e a identidade destes e as tecnologias para lhes servir mudam constantemente, uma estratégia focada no mercado pode não oferecer a estabilidade e a consistência na direção que deve guiar a estratégia a longo prazo. Quando o ambiente muda constantemente, uma empresa definida em função de um conjunto de recursos e capacidades pode ter um ponto de partida mais sólido para estabelecer a própria identidade. Portanto, uma definição da empresa em termos do que ela é capaz de fazer pode oferecer uma base mais sólida para a estratégia do que uma definição fundada nas necessidades que pretende satisfazer.

---

1   Essa abordagem baseada nos recursos está descrita em J. Barney (1991, p. 99-120).

Barney e Hesterly (2008) afirmam que, até a década de 1990, predominavam as ferramentas de análise e definição da estratégia baseadas no modelo Estrutura – Conduta – Desempenho. Contudo, esses autores tiveram um papel importante na introdução da VBR. "[A] VBR é um modelo de desempenho com foco nos recursos e capacidades controlados por uma empresa como fontes de vantagem competitiva" (Barney; Hesterly, 2008, p. 64).

Os recursos no modelo da VBR são classificados como ativos que podem ser **tangíveis** ou **intangíveis**. O principal fator que os diferencia é o processo de mensuração, ou seja, se o recurso é de fácil mensuração, é classificado como tangível; se é de difícil mensuração, como intangível. Esses recursos, "tangíveis ou intangíveis, que a empresa controla, podem ser usados para criar e implementar estratégias" (Barney; Hesterly, 2008, p. 64).

Barney e Hesterly (2008) definem as capacidades como um subconjunto dos recursos de uma empresa. Elas possibilitam que a organização aproveite por completo outros recursos que controla. "Isto é, as capacidades, sozinhas, não permitem que uma empresa crie e implemente suas estratégias, mas permitem que utilize outros recursos para criar e implementar tais estratégias" (Barney; Hesterly, 2008, p. 64).

Exemplos de capacidades podem ser a competência de *marketing* de uma empresa, o trabalho em equipe e a cooperação entre gerências.

Os recursos e as capacidades podem ser classificados em quatro amplas categorias: **recursos financeiros**; **recursos físicos**; **recursos individuais**; e **recursos organizacionais** (Barney; Hesterly, 2008). O Quadro 3.1 apresenta a classificação e a avaliação dos recursos da empresa, demonstrando as características relevantes e os indicadores-chave, todos sistematizados por recursos tangíveis e intangíveis.

QUADRO 3.1 – CLASSIFICAÇÃO E AVALIAÇÃO DOS RECURSOS DA EMPRESA

RECURSOS	CARACTERÍSTICAS RELEVANTES	INDICADORES-CHAVE
Tangíveis		
Financeiros	A capacidade de endividamento e a geração de recursos internos da empresa determinam tanto a flexibilidade como a capacidade de investir.	• Endividamento/capital próprio. • Fluxos de caixa líquido. • Qualificação financeira (*rating*).
Físicos	Os recursos físicos restringem o conjunto de possibilidades de produção da empresa e influenciam em seus custos. Os aspectos-chave compreendem: • tamanho, localização, sofisticação técnica e flexibilidade de instalações e equipamentos; • localização e uso alternativos de terrenos e edifícios; • reservas de matérias-primas.	• Valor de mercado dos ativos fixos. • Antiguidade de bens de capital. • Escala das instalações. • Flexibilidade dos ativos fixos.
Intangíveis		
Tecnológicos	• Propriedade intelectual: carteira de patentes, direitos de propriedade, segredos comerciais. • Recursos para a inovação: instalações para a pesquisa, pesquisadores e técnico.	• Relevância e número de patentes. • Receitas por licenças, patentes e direitos de propriedade. • Percentual de empregados em P&D sobre o total de empregados. • Número e localização de instalações relacionadas com a pesquisa.
De reputação	• Reputação entre os clientes mediante a propriedade de marcas; relações estáveis com os clientes; reputação dos produtos da empresa em termos de qualidade e confiabilidade. • Reputação da empresa entre os fornecedores, as administrações públicas e a comunidade.	• Reconhecimento de marca. • Valor da marca. • Porcentagem de compras repetidas. • Medidas objetivas do desempenho de produtos comparáveis (por exemplo: classificações das associações de consumidores). • Informes sobre reputação corporativa (por exemplo: *Fortune*).
Humanos	• A formação, o treinamento e a experiência dos empregados determinam as destrezas disponíveis para a empresa. • A adaptabilidade dos empregados contribui para a flexibilidade estratégica da empresa. • As habilidades sociais e de colaboração dos empregados determinam a capacidade da empresa para transformar os recursos humanos em capacidades organizacionais. • O compromisso e a lealdade dos empregados determinam a capacidade da empresa para conseguir e manter uma vantagem competitiva.	• Qualificações profissionais técnicas e educativas dos empregados. • Níveis de remuneração em relação à média do setor. • Percentual de dias perdidos por greve e conflitos trabalhistas. • Taxa de absenteísmo. • Taxa de rotatividade dos empregados.

Fonte: Grant, 2006, p. 190, tradução nossa.

CAPACIDADES ORGANIZACIONAIS

Como já introduzido no item anterior, as capacidades organizacionais têm uma relação direta com os recursos, mas é importante precisar seu conceito.

Convém reforçar que os recursos não são produtivos por si mesmos. Grant (2006) menciona, como exemplo, o caso de um cirurgião brilhante que é de escassa utilidade sem radiologistas, anestesistas, enfermeiras, instrumentos cirúrgicos, equipamentos de imagem e um numeroso conjunto de outros recursos. Para desenvolver uma tarefa, todo um grupo de recursos deve operar conjuntamente.

A expressão *capacidade organizacional* se refere à faculdade de uma empresa para empreender uma atividade produtiva concreta. Muitas vezes, encontram-se na literatura os termos *capacidade* e *competência* usados indistintamente[2]. Neste livro, no entanto, faremos a distinção entre os termos e entre as duas atividades na empresa.

Consideramos que as capacidades devem ser vistas como rotinas organizacionais, que têm a função de obter um resultado útil de uma determinada base de recursos. No exemplo do cirurgião brilhante, podemos afirmar que ele possui capacidade porque consegue articular um conjunto de recursos importantes e necessários para obter um resultado útil dessa base de recursos. O resultado útil é a realização da cirurgia com "brilhantismo", ou seja, da melhor maneira possível, alcançando-se o melhor resultado possível. Com base nessa visão, a capacidade organizacional requer que sejam integrados a experiência de várias pessoas e os bens ou equipamentos, a tecnologia e outros recursos.

Entretanto, "Como se realiza essa integração?", pergunta Grant (2006). A resposta considera que praticamente todas as atividades produtivas precisam de equipamentos e pessoas

---

2 Apesar de Hamel e Prahalad (1992) terem argumentado que a distinção entre *competência* e *capacidade* é puramente semântica, consideramos importante fazê-la nesta obra.

que conduzam as ações estreitamente coordenadas sem necessidade de uma especial direção ou comunicação verbal.

Richard Nelson e Sidney Winter (1982) utilizaram a expressão *rotinas organizacionais* em referência aos padrões de atividade, regulares e previsíveis, compostos de uma sequência de ações coordenadas. Grant (2006) afirma que tais rotinas formam a base da maioria das capacidades organizacionais. No nível da produção, uma série de rotinas governa o fluxo das matérias-primas e os componentes por meio do processo de produção até a porta de saída do produto da fábrica. As atividades de venda, gestão de pedidos, distribuição e serviços ao cliente são organizadas de maneira similar por meio de uma série de rotinas padronizadas e complementares. Vale dizer que mesmo as atividades da alta direção incluem rotinas: controle dos resultados das unidades de negócios, orçamentos de capital e planejamento estratégico.

Grant (2006) faz uma interessante comparação entre as rotinas organizacionais e as habilidades das pessoas. Ele defende que as rotinas organizacionais (capacidades) são para a organização o que as habilidades são para as pessoas. Dessa forma, assim como as habilidades de uma pessoa, depois de adquiridas, as rotinas são executadas de maneira semiautomática, sem que haja uma coordenação consciente. Elas são baseadas no conhecimento tácito em nível empresarial e no entendimento mútuo dos membros da equipe. Uma rotina típica não pode ser completamente articulada por ninguém da equipe (nem sequer pelo diretor ou pelo líder da equipe).

Quando utilizamos uma metáfora, temos de avaliar a amplitude que ela alcança, considerando outros aspectos. Por exemplo, assim como as habilidades individuais podem atrofiar numa pessoa, quando não exercidas, é difícil para as empresas reter respostas coordenadas para contingências que se apresentam poucas vezes. Por isso, deve-se sempre perseguir um equilíbrio entre eficiência e flexibilidade. Um repertório limitado de rotinas pode se desenvolver de maneira eficiente com uma coordenação quase perfeita. A mesma organização, porém, pode considerar muito difícil responder a situações novas (Grant, 2006).

A criação de rotinas organizacionais é um passo essencial na transformação de propósitos e práticas operacionais em capacidades, que são fundamentais para a obtenção de resultados da base de recursos. Os tipos de recursos e suas características são importantes para o potencial estratégico de uma empresa, mas, se não houver capacidade para explorar essa base de recursos, por melhor que ela seja, dificilmente o valor criado por uma empresa será maximizado ou as respostas adequadas aos desafios oferecidos pelo ambiente externo serão executadas.

COMPETÊNCIAS

O termo *competência* também exerce um papel importante na discussão sobre as possibilidades estratégicas de que uma empresa dispõe e o potencial que ela tem para responder ao ambiente, estabelecer com ele a sintonia necessária e perseguir o futuro desejado.

Selznick (1957) usa o termo *competência distintiva* para descrever aquilo que uma organização faz melhor que suas competidoras. Hamel e Prahalad (1990) cunharam a expressão *competências essenciais* (*core competences*) para distinguir as competências que são fundamentais para os resultados e a estratégia da empresa. Grant (2006) afirma que as competências essenciais, de acordo com Hamel e Prahalad (1990), são aquelas que:

- dão uma contribuição significativa ao valor final do cliente ou à eficiência com a qual se entrega determinado valor;
- proporcionam uma base para entrar em novos mercados.

A Figura 3.6 apresenta a relação e a importância dos conceitos de *recursos*, *capacidades* e *competências* para a criação de valor de uma empresa. Como a vantagem competitiva é a criação de valor acima da média dos demais concorrentes do setor ou grupo estratégico, e este é o resultado esperado de uma estratégia, podemos afirmar que a articulação entre recursos, capacidades e competências é a ação interna a ser desenvolvida pelo gestores para dar suporte à estratégia empresarial, visando conquistar a vantagem competitiva sustentável.

FIGURA 3.6 – ARTICULAÇÃO ENTRE RECURSOS, CAPACIDADES E COMPETÊNCIAS PARA A CRIAÇÃO DE VALOR

```
                    O que a organização
                           tem
                            │
                        Recursos
                            │
                    CRIAÇÃO DE VALOR
                    ┌───────┴───────┐
O que a organização │               │  O que a organização
       faz     Capacidades   Competências      domina
```

Fonte: Elaborado com base em Johnson; Scholes, 1997.

Outras fontes de vantagem competitiva já foram tratadas, como os diferentes posicionamentos estratégicos e suas dimensões estratégicas. Mas, seja qual for o posicionamento definido (o pico na cordilheira escolhido para ser ocupado antes que os concorrentes, mostrado na Figura 2.12), seja qual for o conjunto de dimensões estratégicas combinadas (estradas secundárias utilizadas para chegar ao pico escolhido), a trajetória será trilhada ou percorrida se houver recursos adequados e necessários, capacidades que obtenham o resultado esperado dos recursos e competências que garantam a vantagem em relação aos concorrentes no caminho.

AVALIAÇÃO DO POTENCIAL DE GERAÇÃO DE RENTABILIDADE DE RECURSOS E CAPACIDADES

Como afirmamos anteriormente, a rentabilidade que se obtém de recursos e capacidades depende da habilidade desses elementos para estabelecer uma vantagem competitiva, sustentá-la e apropriar-se da rentabilidade que proporciona. Cada um desses três fatores está relacionado a uma série de características dos recursos; as mais importantes constam na Figura 3.7.

FIGURA 3.7 – AVALIAÇÃO DO POTENCIAL DE RENTABILIDADE DE RECURSOS E CAPACIDADES

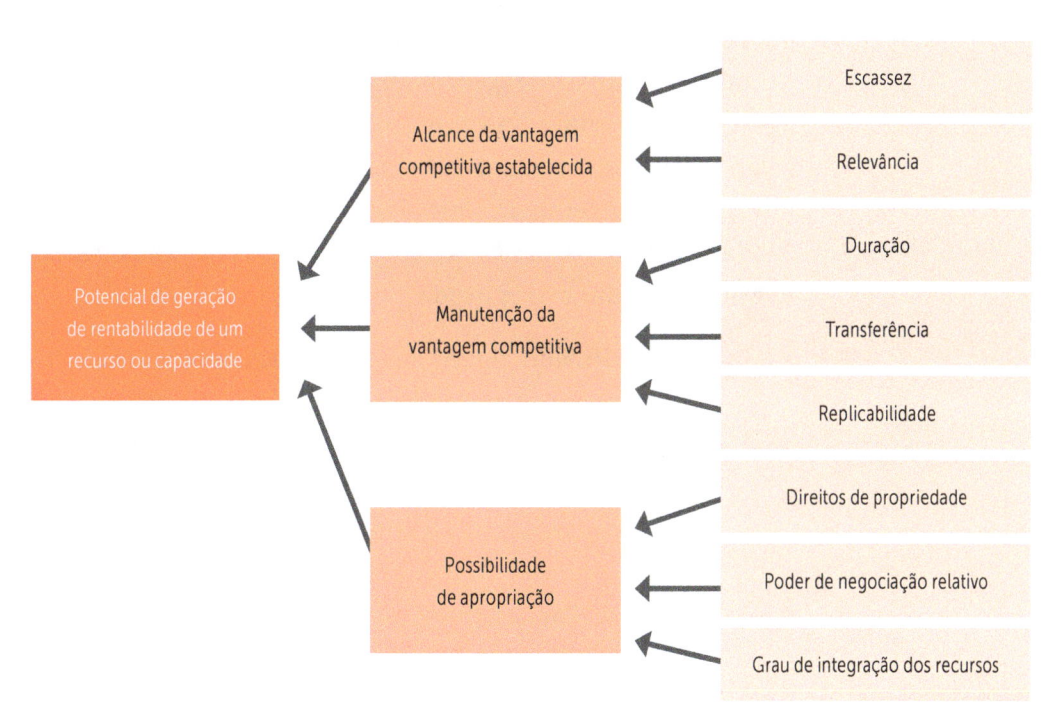

Fonte: Grant, 2006, p. 204, tradução nossa.

Estabelecimento de uma vantagem competitiva

Para que um recurso ou uma capacidade proporcione uma vantagem competitiva, devem ser estabelecidas duas condições:

1. **Escassez**: se um recurso ou capacidade abunda no setor, ele pode até ser essencial para competir, mas não proporcionará base suficiente para obter vantagem competitiva.
2. **Relevância**: um recurso ou capacidade deve ter relação com os fatore-chave de sucesso no mercado.

Manutenção da vantagem competitiva

Segundo Grant (2006), a rentabilidade obtida dos recursos e das capacidades depende não apenas da habilidade para estabelecer uma vantagem competitiva, mas também do tempo durante o qual essa vantagem se mantém. Isso está na dependência de os recursos e as capacidades serem duradouros e de os rivais poderem imitar a vantagem competitiva conquistada. Os recursos e as capacidades são imitáveis se puderem ser transferidas ou replicadas.

1. **Durabilidade**: alguns recursos duram mais que outros e, portanto, são uma base mais segura para a vantagem competitiva. No entanto, a crescente velocidade da mudança tecnológica diminui a vida útil de muitos recursos, incluindo os bens de capital e as tecnologias próprias.
2. **Transferência**: a maneira mais fácil de obter os recursos e capacidades necessários para imitar a estratégia de outra empresa é comprando-os. Se os rivais puderem obter os recursos necessários para imitar a estratégia de uma empresa de sucesso, a vantagem competitiva dessa empresa terá vida curta. A possibilidade de comprar um recurso e/ou capacidade depende da

mobilidade destes – até que ponto podem se transferir entre empresas. Alguns recursos, como os financeiros, as matérias-primas, os componentes, as máquinas fabricadas por fornecedores de capital e os empregados com habilidades convencionais, são transferíveis entre empresas e podem ser comprados ou vendidos sem dificuldade.

De acordo com Grant (2006), entre as fontes de imobilidade estão os seguintes aspectos:

- a dificuldade de mudar a localização (imobilidade geográfica) dos recursos naturais, dos grandes equipamentos e de alguns empregados;
- a informação imperfeita a respeito da qualidade e da produtividade dos recursos, que cria considerável risco para a empresa que pretende adquiri-los;
- a complementaridade entre recursos – supõe-se que separar um recurso do equipamento com o qual habitualmente se trabalha produz uma perda de produtividade e valor;
- as capacidades organizacionais são menos móveis que os recursos individuais, dado que se baseiam em equipes de recursos. Vale dizer, aliás, que, quando uma equipe inteira se transfere, a dependência da equipe de uma rede mais ampla de relações e a cultura corporativa podem configurar um obstáculo para replicar as mesmas capacidades na nova empresa.

3. **Replicabilidade**: se uma empresa não pode comprar um recurso e/ou uma capacidade, ela deve criá-los. Nos serviços financeiros, a maioria dos produtos pode ser facilmente copiada pelos competidores, e poucas inovações financeiras podem ser patenteadas. No comércio varejista, a vantagem competitiva que é derivada da distribuição interna da loja, a tecnologia do ponto de venda, o cartão de crédito e a amplitude de

horários podem ser copiados facilmente pelos concorrentes (Grant, 2006).

As capacidades derivadas de rotinas organizacionais complexas são as menos fáceis de copiar. Porém, mesmo quando é possível replicar, as empresas já instaladas podem se beneficiar do fato de que seus recursos e suas capacidades se acumularam durante um longo período de tempo, o que representa normalmente menos custos e maior produtividade do que os associados aos ativos quando são acumulados rapidamente por empresas imitadoras.

Apropriação dos benefícios da vantagem competitiva

Quem ganha os benefícios gerados pelos recursos e pelas capacidades? Normalmente, a resposta mais comum seria o proprietário, o dono do capital. Contudo, nem sempre a propriedade está clara.

A fronteira entre o capital humano dos empregados e o *know-how* da empresa é particularmente difícil de definir. Grant (2006) cita como exemplo o caso em que José Ignacio López de Arriortúa e sua equipe deixaram a General Motors para se transferirem para a Volkswagen em março de 1993. A pergunta natural que surge é: "Até que ponto estavam transferindo conhecimentos e experiência individual ou estavam roubando segredos comerciais da GM?". Por essa razão, a aquisição de empresas intensivas em conhecimento é sempre arriscada, uma vez que os empregados podem abandoná-la. O predomínio de sociedades coletivas (em lugar de sociedades anônimas) nas empresas de serviços profissionais (advogados, contabilistas e consultores) reflete o desejo de estabelecer uma relação mais estreita entre a empresa e seus efetivos humanos-chave.

Grant (2006) esclarece com propriedade que, quanto menos definidos forem os direitos de propriedade de recursos e capacidades, maior será a importância do poder relativo de negociação para determinar a distribuição de lucros entre a empresa e seus membros individuais. No caso de capacidades organizacionais baseadas em equipes, esse equilíbrio de poder entre a empresa e um empregado depende sobremaneira da relação entre as habilidades individuais e as rotinas organizacionais. Quanto mais profundamente imbricadas nas rotinas organizacionais estiverem as habilidades e os conhecimentos individuais e quanto mais estes dependerem dos sistemas corporativos e da reputação da empresa, mas frágil será a posição do empregado em relação à empresa.

Ao contrário, quanto mais se identificar a capacidade organizacional com a experiência de empregados individuais e quanto mais eficientemente esses empregados exercerem seu poder de negociação, mais possibilidades haverá de que eles se apropriem de rendas (riquezas da empresa). Se é possível identificar com clareza a contribuição individual que um empregado presta à produtividade, se ele pode se transferir para outra empresa e, além disso, se as habilidades dele geram produtividade similar em outras empresas, esse empregado se encontra em situação suficientemente forte para se apropriar de uma proporção substancial da própria contribuição ao valor agregado da empresa.

Avaliação dos recursos

Uma ferramenta que pode ser útil para avaliar a situação dos recursos numa empresa reside na integração entre a importância e a força relativa dos recursos. Colocar juntos os dois critérios – importância e força relativa – possibilita ressaltar as forças e as debilidades fundamentais de uma empresa.

O Quadro 3.2 apresenta uma forma de avaliação dos recursos e capacidades de uma empresa. A Figura 3.8, por sua vez, reúne ambos os critérios mencionados (importância e força relativa) num único esquema; os quatro quadrantes dela permitem identificar recursos e capacidades que podem ser considerados forças-chave, assim como aqueles que representam debilidades-chave.

QUADRO 3.2 – AVALIAÇÃO DE RECURSOS E CAPACIDADES

	Importância*	Forças relativas* (**)	Comentários
RECURSOS			
R1 (finanças, por exemplo)	4	6	
R2	7	5	
R3	8	8	
	Importância*	Forças relativas* (**)	Comentários
CAPACIDADES			
C1 (desenvolvimento de produtos, por exemplo)	9	4	
C2	3	4	
C3	7	9	

* Ambas as escalas vão de 1 (muito baixo) a 10 (muito alto). ** Os recursos da empresa em análise devem ser avaliados em relação aos concorrentes dessa empresa. O valor 5, por exemplo, representa paridade com os competidores (os valores estão baseados num exemplo hipotético, apenas para ilustrar o uso da ferramenta).

A Figura 3.8 ilustra como a avaliação realizada no Quadro 3.2 pode ser analisada com base na identificação do quadrante no qual o recurso ou a capacidade se concentra.

FIGURA 3.8 – MATRIZ DE AVALIAÇÃO DE RECURSOS E CAPACIDADES

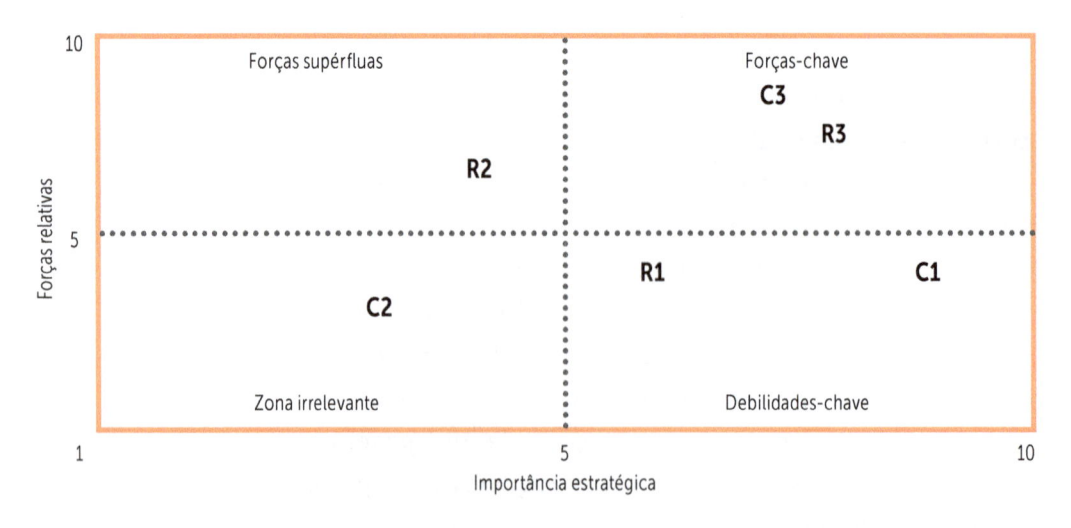

Matriz com eixo horizontal "Importância estratégica" (1 a 10) e eixo vertical "Forças relativas" (1 a 10), dividida em quatro quadrantes:
- *Forças supérfluas (superior esquerdo): R2*
- *Forças-chave (superior direito): C3, R3*
- *Zona irrelevante (inferior esquerdo): C2*
- *Debilidades-chave (inferior direito): R1, C1*

Fonte: Elaborado com base em Grant, 2006, p. 214, tradução nossa.

Com base na elaboração da matriz de avaliação dos recursos, é possível não só verificar a situação da empresa em relação a seus recursos e capacidades, como também planejar as ações com e sobre eles para melhorar o suporte ao posicionamento estratégico da empresa, o que caracteriza essas ações como estratégia como plano.

Dessa forma, podemos apresentar agora um guia que é até certo ponto prático para analisar recursos e capacidades em qualquer organização. A Figura 3.9 resume o processo de avaliação dos recursos e das capacidades como um plano que dá suporte a uma estratégia como posição.

FIGURA 3.9 – RESUMO: GUIA PRÁTICO PARA ANÁLISE DE RECURSOS E CAPACIDADES

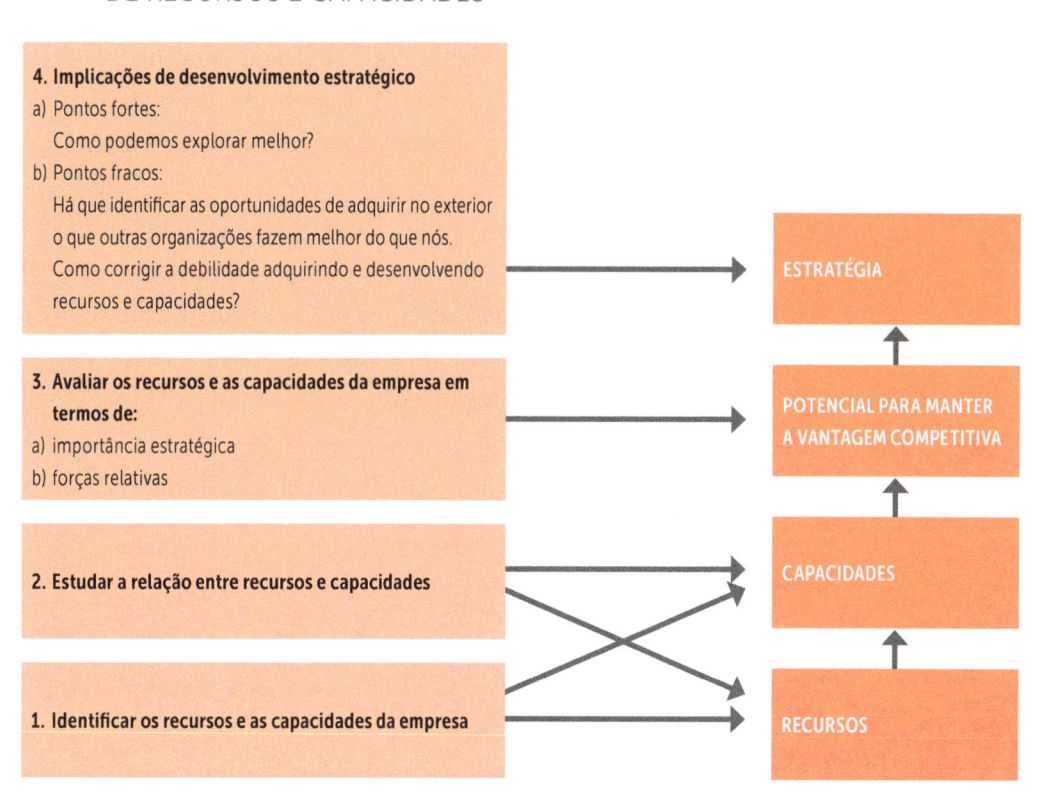

4. Implicações de desenvolvimento estratégico
a) Pontos fortes:
   Como podemos explorar melhor?
b) Pontos fracos:
   Há que identificar as oportunidades de adquirir no exterior o que outras organizações fazem melhor do que nós.
   Como corrigir a debilidade adquirindo e desenvolvendo recursos e capacidades?

→ ESTRATÉGIA

3. Avaliar os recursos e as capacidades da empresa em termos de:
a) importância estratégica
b) forças relativas

→ POTENCIAL PARA MANTER A VANTAGEM COMPETITIVA

2. Estudar a relação entre recursos e capacidades

→ CAPACIDADES

1. Identificar os recursos e as capacidades da empresa

→ RECURSOS

Fonte: Grant, 2006, p. 231, tradução nossa.

A Figura 3.10, por sua vez, apresenta como a relação entre diversas atividades da Southwest Airlines, que demonstra como a articulação de recursos, capacidades e competências de uma organização pode dar suporte coerente ao posicionamento estratégico de uma empresa, pode garantir a ela a manutenção de maneira sustentável de suas vantagens competitivas. A Southwest Airlines ocupa uma das posições mais elevadas entre as maiores empresas dos EUA e acumula rentabilidades superiores à média da indústria global há mais de três décadas. Esse desempenho, que representa uma vantagem competitiva sustentável, deve-se principalmente a essa articulação entre as competências e as capacidades internas e seu posicionamento de custo baixo, percebido externamente.

Conforme afirmam Serra, Torres e Torres (2004, p. 7),

> Em geral, as companhias aéreas voam para inúmeras localidades, fazem conexões a partir dos grandes aeroportos, oferecem serviços de primeira classe executiva, transferem bagagens e dispõem de refeições sofisticadas. A Southwest, por sua vez, desempenha atividades únicas e interligadas, que asseguram que seu ativo de mais valor, os aviões, tenham uma elevada taxa de utilização, passando mais tempo no ar do que em terra, com taxas de ocupação acima da média.

As aeronaves da Southwest percorrem rotas curtas, entre cidades de porte médio e com tráfego potencial de passageiros, utilizando sempre que possível aeroportos secundários, o que evita os congestionamentos dos grandes aeroportos. Esse conjunto de atividades articuladas, de certa forma, garante saídas mais frequentes das aeronaves, "fazendo, assim, com que as suas aeronaves permaneçam, diariamente, quase 12 horas no ar" (Serra; Torres; Torres, 2004, p. 8).

O serviço de bordo é extremamente simples (um saquinho de amendoins ou uma barra de cereais). A gestão de pessoal é voltada para a manutenção de uma equipe motivada, valorizada, que trabalha num ambiente de cooperação, com bom humor e interesse pela corporação. Isso garante suporte ao conjunto de atividades da empresa (Serra; Torres; Torres, 2004). A Figura 3.10 apresenta a sequência de atividades vinculadas ao efeito *iceberg*, caracterizada pelo fato de algumas atividades são percebidas pelos clientes, mas são suportadas por um conjunto de atividades internas e mais profundas na organização, que não são percebidas por eles. Essa forma de compatibilizar as atividades acaba se transformando numa característica própria da empresa, o que de alguma maneira a diferencia das demais empresas do setor.

> O conjunto destas atividades, ligado, em parte, a pontos fortes e competências da empresa, viabiliza um nível de custos consistentemente baixo que permite à Southwest emitir bilhetes mais baratos que os da concorrência, competindo, inclusive, com as empresas de transporte ferroviário e rodoviário. (Serra; Torres; Torres, 2004, p. 9)

As atividades da Southwest foram planejadas intencionalmente, representando recursos, capacidades e competências desenvolvidos para dar suporte à estratégia de posição da companhia, que é a de oferecer preços baixos com base em uma estrutura de custos baixos. Este é um exemplo concreto da relação que deve existir entre a estratégia como plano e a estratégia como posição.

A persistência da Southwest Airlines na continuidade dessa estratégia confere suporte de forma coerente e consistente à própria estratégia de posição, que é focalizar a oferta de preços baixos, suportada por um conjunto de recursos, capacidades e competências que, articulados de maneira intencional, caracterizam a estratégia como plano da empresa. Essa conexão entre estratégia como posição e estratégia como plano levou a empresa a apresentar de modo consistente resultados superiores à média do setor durante mais de três décadas, como demonstrado na Figura 3.11.

FIGURA 3.10 – ATIVIDADES DA SOUTHWEST AIRLINES

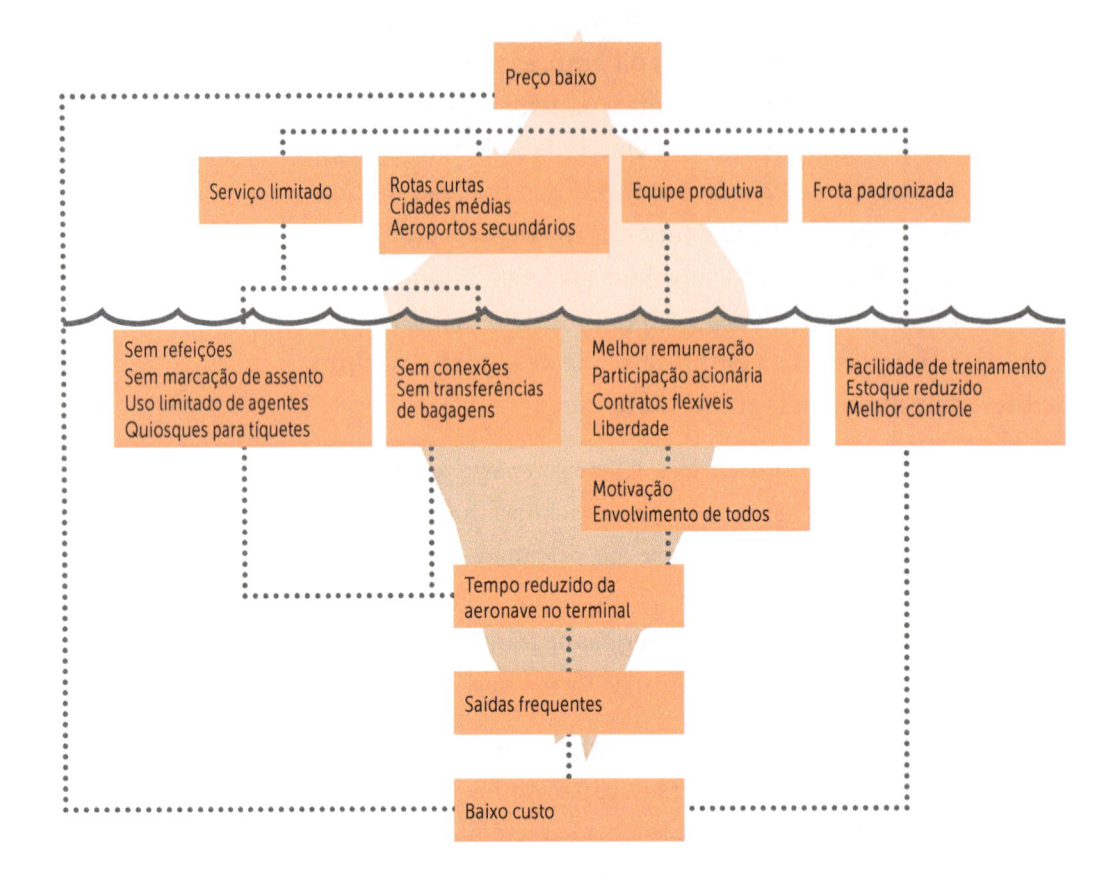

```
                              Preço baixo

   Serviço limitado    Rotas curtas         Equipe produtiva    Frota padronizada
                       Cidades médias
                       Aeroportos secundários

   Sem refeições              Sem conexões         Melhor remuneração      Facilidade de treinamento
   Sem marcação de assento    Sem transferências   Participação acionária  Estoque reduzido
   Uso limitado de agentes    de bagagens          Contratos flexíveis     Melhor controle
   Quiosques para tíquetes                         Liberdade

                                                   Motivação
                                                   Envolvimento de todos

                              Tempo reduzido da
                              aeronave no terminal

                              Saídas frequentes

                              Baixo custo
```

Fonte: Serra; Torres; Torres, 2004, p. 8.

Magretta (2012, p. 254-255) destaca o esforço continuado da Southwest Airlines:

> A continuidade da estratégia da Southwest Airlines reflete-se em sua vantagem competitiva sustentável. No período de 30 anos, de 1980 a 2010, o ROIC médio da empresa foi de 11,4%, em contraste com os 3,1% do setor. A vantagem da Southwest foi mais acentuada nas décadas de 1980 e 1990, sofrendo desgaste na década passada diante da competição de imitadores com custos trabalhistas menores. Ao mesmo tempo, as pressões por crescimento levaram a Southwest a afrouxar alguns de seus trade-offs básicos.

Por exemplo, no passado só atendia a rotas regionais; não é mais o caso. Afrouxar trade-offs tem consequências econômicas.

FIGURA 3.11 – RESULTADO DA SOUTHWEST (ROIC[3]) EM RELAÇÃO À MÉDIA DAS OUTRAS COMPANHIAS AÉREAS

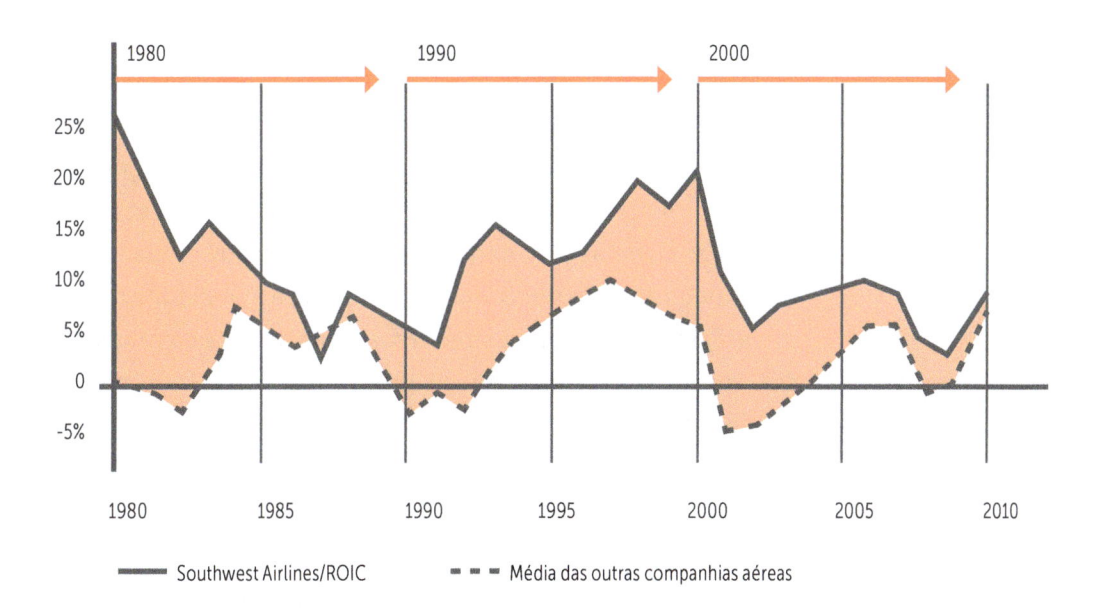

Fonte: Elaborado com base em Magretta, 2012, p. 254.

Outro exemplo é a conhecida estratégia da Ikea, que definiu como seu posicionamento estratégico a oferta de preços baixos (muito baixos em relação aos concorrentes) em móveis com *design* moderno e alto estilo, com a possibilidade de serem montados pelo comprador a pronta entrega. Essa estratégia de posição foi construída de maneira persistente ao longo de décadas e anos. Ingvar Kamprad, fundador da Ikea, afirmava: "A Ikea oferece 'uma grande variedade de móveis funcionais e com ótimo design a preços baixos, para que o maior número possível de pessoas possa ter acesso a eles'. Isso atende ao

[3] *Return on invested capital* (em português, *retorno sobre o capital investido*).

desejo da empresa de criar 'uma vida melhor para as massas'" (Montgomery, 2012, p. 84). Nessa descrição do posicionamento da Ikea também está inclusa a perspectiva da empresa, ou visão de mundo, seu propósito – que é o de melhorar a vida das massas. O preço baixo foi uma forma de cumprir o propósito estabelecido. Para dar suporte ao posicionamento definido, foi necessário fixar e executar com eficácia e eficiência um plano, a estratégia como plano. O plano teve de configurar um conjunto de atividades, de ações muito bem coordenadas e articuladas com esse conjunto de definições do posicionamento da empresa. Foram mobilizados recursos, capacidades e competências ao longo do tempo que sustentaram o posicionamento da Ikea até o momento. A Figura 3.12 apresenta as conexões entre as atividades definidoras do posicionamento e as atividades que moldam e dão suporte ao posicionamento estratégico da Ikea. Esses recursos, capacidades e competências foram sendo reforçados e modificados com base nas necessidades impostas pelo ambiente (oportunidades e ameaças) para responder adequadamente às influências desse mesmo ambiente, sempre se mantendo, no entanto, o propósito definido para a empresa e o posicionamento no mercado.

A estratégia da Ikea, já descrita em muitos livros de estratégia, a destaca como um dos *cases* de estratégia mais estudados do mundo. É um caso que despertou muito interesse, pelo fato de oferecer lições importantes para o aprendizado de qualquer gestor, o que demonstra, por si só, a importância de ter um propósito, bem como pelo fato de o propósito ser traduzido num posicionamento coerente e suportado por um conjunto de recursos, capacidades e competências que, articulados de maneira intencional, caracterizam a estratégia como plano da Ikea.

FIGURA 3.12 – CONEXÕES ENTRE AS ATIVIDADES DA ESTRATÉGIA COMO PLANO – SUPORTE À ESTRATÉGIA COMO POSIÇÃO DA IKEA

MAPA DE ATIVIDADES DA IKEA

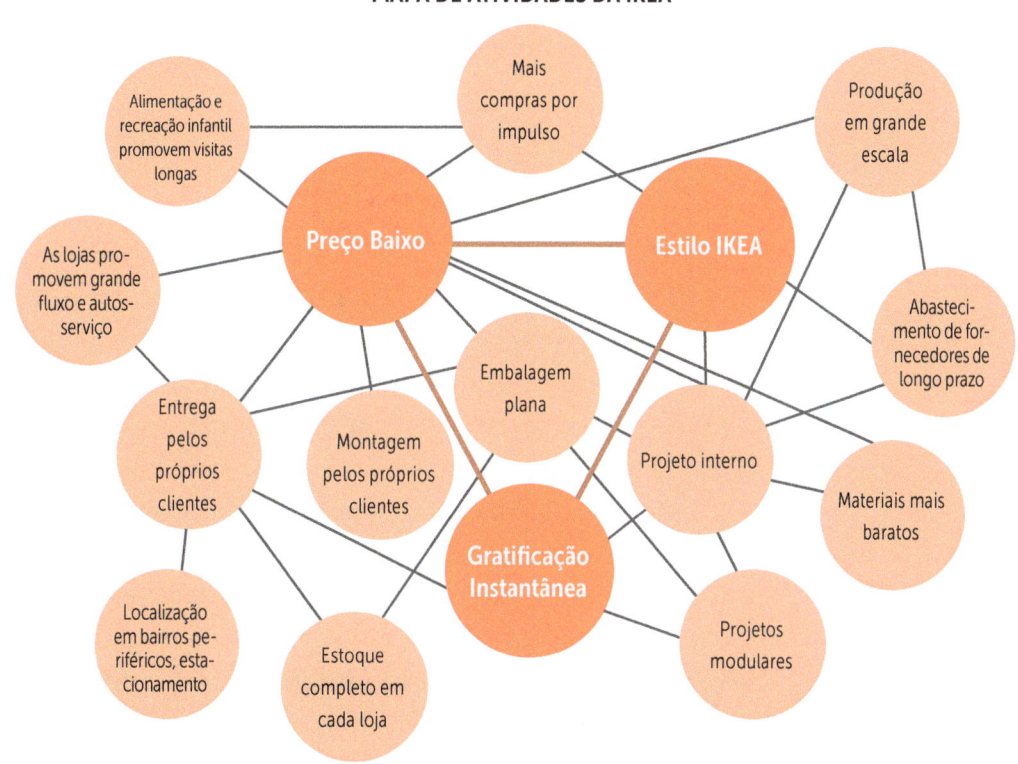

- Mais compras por impulso
- Alimentação e recreação infantil promovem visitas longas
- Produção em grande escala
- As lojas promovem grande fluxo e autosserviço
- Preço Baixo
- Estilo IKEA
- Abastecimento de fornecedores de longo prazo
- Entrega pelos próprios clientes
- Montagem pelos próprios clientes
- Embalagem plana
- Projeto interno
- Materiais mais baratos
- Gratificação Instantânea
- Localização em bairros periféricos, estacionamento
- Estoque completo em cada loja
- Projetos modulares

Fonte: Magretta, 2012, p. 234.

Os recursos, as capacidades e as competências, quando mobilizados de maneira adequada, são geradores de valor para as empresas. A estratégia como plano é a dimensão do modelo dos 5 Ps na qual a definição do modo como os recursos, as capacidades e as competências devem ser articulados, intencionalmente, visa dar suporte coerente à posição definida pela empresa. Quando esse alinhamento entre plano e posição ocorre, há maior probabilidade de que o valor criado seja superior, caracterizando-se, por isso, como vantagem competitiva para a organização.

Com base nesse contexto, no próximo tópico apresentaremos o modelo que analisa as características que os recursos de uma organização podem apresentar. Dependendo de quais forem essas características, a implicação para a estratégia pode ser a de oferecer uma vantagem competitiva, a qual, por sua vez, pode assumir o papel de vantagem sustentável.

MODELO VRIO

Barney e Hesterly (2008, p. 66) apresentam "um conjunto de ferramentas para analisar todos os diferentes recursos e capacidades que uma empresa pode possuir, bem como o potencial de cada um deles para gerar vantagens competitivas". Esse processo se configura numa técnica de identificação das forças e fraquezas internas de uma empresa. A ferramenta proposta para se conduzir essa análise interna é o modelo VRIO (Barney, 1991).

O modelo analisa os recursos e as capacidades da organização com a finalidade de avaliar as caraterísticas que eles têm e se atendem aos critérios estabelecidos que permitem classificá-los em recursos ou capacidades que podem ser **valiosos (V)**, **raros (R)**, **difíceis de imitar (I)** ou **explorados pela organização (O)**. De acordo com as características apresentadas pelo recurso ou pela capacidade, as implicações para a vantagem competitiva podem ser diferentes. O Quadro 3.3 resume as questões que podem ser realizadas para avaliar as características de cada recurso ou capacidade.

QUADRO 3.3 – PERGUNTAS NECESSÁRIAS PARA CONDUZIR UMA ANÁLISE BASEADA EM RECURSOS DAS FORÇAS E FRAQUEZAS INTERNAS DE UMA EMPRESA

1.	**A questão do valor**: o recurso permite que a empresa explore uma oportunidade ambiental e/ou neutralize uma ameaça do ambiente?
2.	**A questão da raridade**: o recurso é controlado atualmente apenas por um pequeno número de empresas concorrentes?
3.	**A questão da imitabilidade**: as empresas sem o recurso enfrentam uma desvantagem de custo para obtê-lo ou desenvolvê-lo?
4.	**A questão da organização**: as outras políticas e os outros procedimentos da empresa estão organizados para dar suporte à exploração de seus recursos valiosos, raros e custosos para imitar?

Fonte: Barney; Hesterly, 2008, p. 67.

As características que os recursos podem assumir definem, na visão de Barney e Hesterly (2008), a implicação para a vantagem competitiva de uma empresa. Um recurso ou capacidade é valioso para uma organização quando ele auxilia ou dá suporte para que ela aproveite oportunidades oferecidas pelo ambiente externo ou se defenda das ameaças oferecidas pelo mesmo ambiente.

Os recursos e/ou as capacidades, além de valiosos, passam a ser considerados raros quando não são controlados por inúmeros concorrentes, ou seja, quando são possuídos ou controlados pela empresa e quando poucos concorrentes também o possuem. Quando isso ocorre, o recurso ou capacidade passa a ser uma fonte de vantagem competitiva. Se o recurso e/ou a capacidade têm valor mas não são raros, ou seja, quando muitas empresas os possuem, eles são fontes somente de paridade competitiva. Porém, quando um recurso ou capacidade, além de valioso e raro, também assume uma característica de difícil imitação, ou seja, quando os concorrentes enfrentam uma dificuldade para conseguir imitá-lo, podemos afirmar que ele é fonte de vantagem competitiva. Como explicam Barney e Hesterly (2008, p. 78), o potencial de uma empresa para vantagem competitiva depende do valor, da raridade e da imitabilidade de seus recursos e capacidades. No entanto, para aproveitar esse potencial ao máximo, uma empresa deve estar organizada para explorar seus recursos e capacidades. Essas observações levam à questão da organização: "A empresa está organizada para explorar ao máximo o potencial competitivo de seus recursos e capacidades?".

Quando o recurso ou capacidade é valioso, raro, difícil de ser imitado e também explorado pela organização, ele é considerado fonte de vantagem competitiva sustentável. Dessa forma, o modelo VRIO se transforma numa ferramenta de análise. O Quadro 3.4 apresenta a relação das características que os recursos e as capacidades podem assumir e sua consequente implicação para a conquista de vantagem competitiva da empresa.

QUADRO 3.4 – MODELO VRIO

Um recurso ou capacidade é:					
Valioso?	Raro?	Custoso de imitar?	Explorado pela organização?	Implicações competitivas	
Não			Não	Desvantagem competitiva	
Sim	Não		↕	Paridade competitiva	
Sim	Sim	Não	↕	Vantagem competitiva temporal	
Sim	Sim	Sim	Sim	Vantagem competitiva sustentável	

Fonte: Barney; Hesterly, 2008, p. 80.

Se uma empresa possui, considerando-se o modelo VRIO descrito no Quadro 3.4, recursos ou capacidades valiosos, raros, custosos de imitar, mas deixa de se organizar para tirar o máximo de vantagem desses recursos, parte de sua vantagem competitiva pode se perder. Por isso, é importante a empresa analisar e avaliar seus recursos estratégicos para poder interferir na organização, enquanto há tempo para isso, e conquistar a vantagem competitiva almejada. Ao fazer essa análise, o resultado explicita, em relação aos recursos analisados, as forças e fraquezas da empresa, o que transforma o modelo VRIO numa ferramenta de diagnóstico interno da organização.

O Quadro 3.5, por sua vez, apresenta a relação entre o modelo VRIO e as forças e fraquezas da organização.

Uma empresa, ao identificar quais recursos representam pontos fortes e quais se traduzem como pontos fracos, pode desenvolver planos de ação adequados para melhorar sua situação estratégica, podendo fortalecer ainda mais os que já são considerados fortes e transformar os pontos fracos em fortes. Essa é uma forma de conduzir a organização de maneira estratégica, em mais um movimento de estratégia como plano.

QUADRO 3.5 – RELAÇÃO ENTRE O MODELO VRIO E AS FORÇAS E FRAQUEZAS ORGANIZACIONAIS

Um recurso ou capacidade é:				
Valioso?	Raro?	Custoso de imitar?	Explorado pela organização?	Força ou fraqueza
Não			Não	Fraqueza
Sim	Não		↕	Força
Sim	Sim	Não	↕	Força e competência distintiva
Sim	Sim	Sim	Sim	Força e competência distintiva sustentável

Fonte: Barney; Hesterly, 2008, p. 80.

O modelo VRIO, apresentado por Barney e Hesterly (2008), é, portanto, um desdobramento da VBR, tendo consolidado esta importante abordagem. Num primeiro momento, Barney e Hesterly (2008) deram ênfase aos recursos valiosos, raros, difíceis de imitar e aos recursos difíceis de substituir. Mais tarde, essa visão passou a ser caracterizada como VRIO, conforme descrito anteriormente.

3.1.3 FERRAMENTAS DE DESDOBRAMENTO DO POSICIONAMENTO ESTRATÉGICO EM OBJETIVOS, METAS E PROGRAMAS DE AÇÃO

Uma vez definido o posicionamento adequado para a organização, considerando-se todos os aspectos que devem ser analisados e que foram discutidos no Capítulo 2 e nos tópicos anteriores deste capítulo, o passo seguinte é realizar a análise da cadeia de valor, dos recursos, das capacidades e das competências, os quais devem ser moldados a fim de dar suporte coerente ao posicionamento. Esse processo pode ser conduzido por meio de uma ferramenta de desdobramento do posicionamento estratégico, que é o conhecido **planejamento estratégico**.

O planejamento estratégico é uma técnica de sistematização de um conjunto de ações que articulam os recursos de uma organização de maneira intencional. No entanto, o adjetivo *estratégico* atribuído ao método do planejamento o coloca numa condição de suporte ao processo de estratégia da organização na condução dela ao futuro desejado.

Mintzberg (2004) afirma que a chave para entender o planejamento é a formalização. Para o autor, "planejamento é um procedimento formal para produzir um resultado articulado, na forma de um sistema integrado de decisões" (Mintzberg, 2004, p. 26). Além da formalização – e em decorrência dela –, outra característica importante desse tipo de planejamento é sua função de tornar a estratégia algo explícito para toda a organização. O planejamento estratégico, pela formalização, explicita a estratégia mediante decomposição, articulação e racionalização.

Conforme Ipinza (2013), no estabelecimento dos objetivos de longo prazo, que partem da visão e da missão (perspectiva), e antes de sua definição, ainda é preciso ter em mente os possíveis cursos de ação futuros, a começar pela definição da estratégia genérica (estratégia como posição). Dessa forma, os objetivos de longo prazo são objetivos estratégicos e representam os resultados que a organização espera alcançar depois de implementar as estratégias específicas escolhidas, as quais devem conduzir à consecução da visão estabelecida. O horizonte de tempo desses objetivos e de suas estratégias deve ser coerente com a visão. Esses objetivos dependerão da indústria, da organização, dos produtos e dos respectivos ciclos de vida destes (Ipinza, 2013).

Normalmente, vale dizer, o processo de planejamento estratégico é trabalhado com base em dois horizontes de tempo: o longo prazo e o curto prazo. O curto e o longo prazos dependem muito da indústria/setor em que a empresa se encontra.

Ipinza (2013) representa matematicamente a relação entre visão, objetivos de longo prazo e objetivos de curto prazo, considerando que a visão é alcançada quando são atingidos os objetivos de longo prazo:

$$\text{Visão} = \sum \text{Objetivos de longo prazo}$$

Cada objetivo de longo prazo é alcançado quando são atingidos os respectivos objetivos de curto prazo:

$$\text{Objetivos de longo prazo} = \sum \text{Objetivos de curto prazo}$$

Os objetivos de longo prazo, que são os objetivos estratégicos, além de serem coerentes com o posicionamento estratégico e necessários e suficientes para levar a empresa a alcançar sua visão, devem ser decompostos em objetivos de médio e curto prazo, que são os objetivos táticos e operacionais, respectivamente. A Figura 3.13 ilustra o mencionado processo de decomposição.

FIGURA 3.13 – NÍVEIS ORGANIZACIONAIS NOS QUAIS OS OBJETIVOS ESTRATÉGICOS (LONGO PRAZO) DEVEM SER DECOMPOSTOS EM OBJETIVOS DE MÉDIO E CURTO PRAZO

```
                    ESTRATÉGICO
Objetivos de longo prazo

                    TÁTICO
Objetivos de médio prazo

                    OPERACIONAL
Objetivos de curto
prazo (metas)
```

O alinhamento coerente entre todos os níveis é o maior desafio para os gestores do processo estratégico de uma empresa.

PLANEJAMENTO ESTRATÉGICO COMO FERRAMENTA DE DESDOBRAMENTO E IMPLEMENTAÇÃO ESTRATÉGICA

Os processos de planejamento estratégico mais sistematizados, típicos de grandes empresas com divisões ou unidades de negócio separadas, seguem tradicionalmente um ciclo anual. Os planos estratégicos tendem a servir para três ou cinco anos e combinam iniciativas de cima para baixo (indicações sobre resultados esperados e identificação das iniciativas-chave estratégicas) e planos de negócio de baixo para cima (estratégias propostas e previsões financeiras para divisões e unidades de negócio). Depois das discussões entre o nível corporativo e os negócios individuais, os planos de negócio se corrigem, se ajustam e se integram ao plano corporativo global que será apresentado para a aprovação do conselho de administração (Grant, 2006).

A Figura 3.14 mostra o processo de planejamento estratégico sistematizado pelo autor deste livro (Eduardo Damião da Silva).

FIGURA 3.14 – PROCESSO DE PLANEJAMENTO ESTRATÉGICO – DA ANÁLISE AO PLANO ESTRATÉGICO

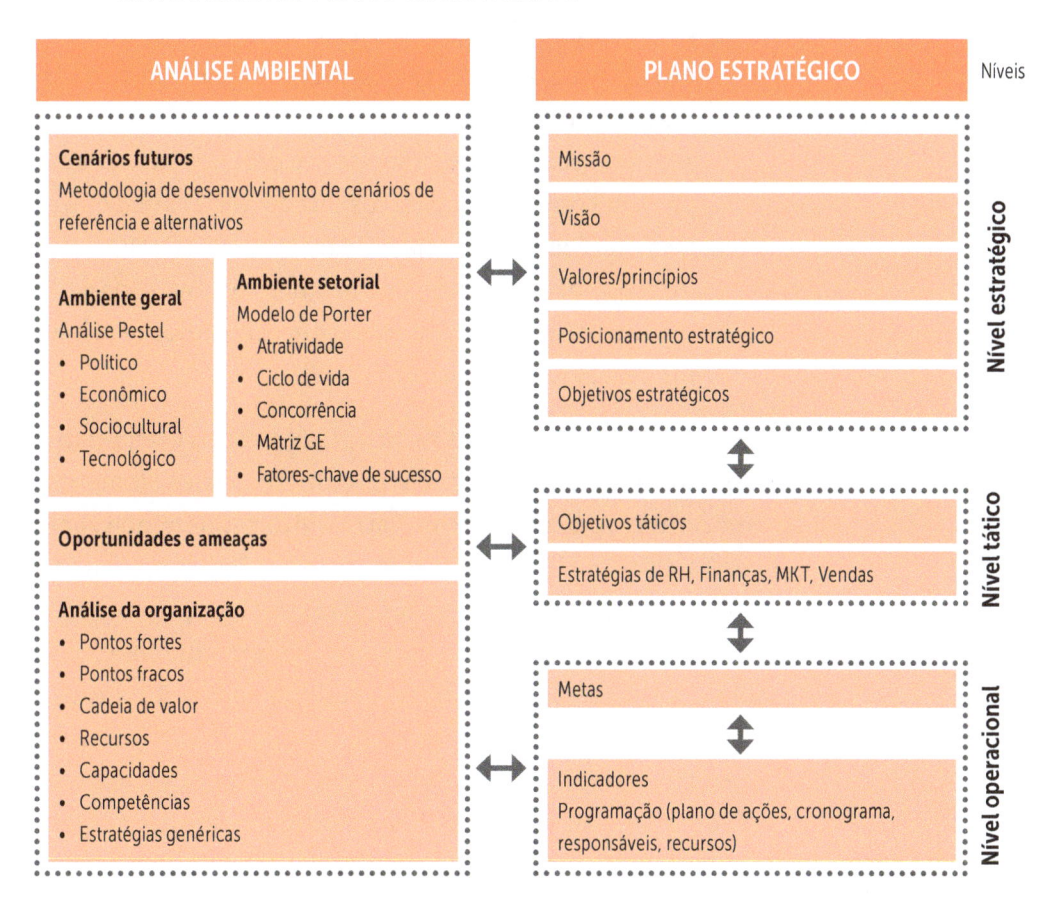

ANÁLISE AMBIENTAL	PLANO ESTRATÉGICO	Níveis
Cenários futuros Metodologia de desenvolvimento de cenários de referência e alternativos	Missão Visão Valores/princípios Posicionamento estratégico Objetivos estratégicos	Nível estratégico
Ambiente geral Análise Pestel • Político • Econômico • Sociocultural • Tecnológico		
Ambiente setorial Modelo de Porter • Atratividade • Ciclo de vida • Concorrência • Matriz GE • Fatores-chave de sucesso		
Oportunidades e ameaças	Objetivos táticos Estratégias de RH, Finanças, MKT, Vendas	Nível tático
Análise da organização • Pontos fortes • Pontos fracos • Cadeia de valor • Recursos • Capacidades • Competências • Estratégias genéricas	Metas Indicadores Programação (plano de ações, cronograma, responsáveis, recursos)	Nível operacional

O planejamento estratégico resultante do processo demonstrado na Figura 3.14 compreende normalmente os elementos seguintes:

- uma declaração dos objetivos que a empresa pretende alcançar no período planejado, tanto em caráter financeiro (por exemplo, objetivos de crescimento da receita, redução de custos, lucro operacional, rentabilidade) quanto em caráter estratégico (por exemplo, participação de mercado, novos produtos, penetração internacional e desenvolvimento de novos negócios);
- um conjunto de suposições ou previsões sobre aspectos-chave do ambiente ao qual a empresa deve responder;
- uma declaração qualitativa sobre a forma como mudará a configuração dos negócios em termos de áreas geográficas e linhas de produto, bem como as bases sobre as quais a empresa crescerá e expandirá sua vantagem competitiva;
- ações específicas sobre decisões e projetos sustentadas por um conjunto de marcos que estabeleçam o que se alcançará em datas específicas;
- um conjunto de projeções financeiras, incluindo um orçamento de investimento e um esboço dos orçamentos operacionais (custeio).

Ainda que os planos estratégicos escritos estejam dirigidos para a tomada de decisões documentadas, os elementos importantes do planejamento estratégico residem no processo estratégico: na interação mediante a qual se compartilha o conhecimento, se comunicam as ideias, se alcança o consenso e se estabelece o compromisso com ações e resultados (Grant, 2006). Esse processo, quando realizado de forma dinâmica e realmente participativa, dentro do possível, contribui para gerar maior engajamento de todos com o processo, além de proporcionar um nível de aprendizagem das questões organizacionais que beneficia a todos que fazem parte do processo.

Como o aumento da turbulência ambiental tem provocado uma mudança nos processos de planejamento estratégico, eles estão cada vez menos formalizados e cada vez mais flexíveis.

3.1.4 SISTEMAS DE CONTROLE E ACOMPANHAMENTO DO PROCESSO DE IMPLEMENTAÇÃO DO PLANO

O planejamento financeiro e os sistemas de controle estão relacionados com as atividades orçamentárias e os objetivos financeiros. Se a rentabilidade é o objetivo principal de uma empresa, é inevitável que os sistemas financeiros sejam o mecanismo mais importante que a alta direção emprega para controlar os resultados. No centro do planejamento financeiro está o processo orçamentário, que inclui o estabelecimento e a supervisão das estimativas financeiras de receitas e despesas para um período de tempo determinado, tanto para o conjunto da empresa quanto para as divisões e subunidades dela.

Os orçamentos desempenham funções múltiplas e um tanto ambíguas: são, em parte, uma estimativa de receitas e despesas futuras; em parte, um objetivo dos resultados financeiros que se espera alcançar em termos de receita e lucros; e, em parte, um conjunto de autorizações para realizar gastos até um limite orçamentário concreto. Existem dois tipos de orçamentos: o de investimento e o de custeio (Grant, 2006).

Considerando-se ainda a Figura 3.14, é possível perceber que o desdobramento dos objetivos em metas, planos de ação e recursos revela a necessidade de alinhamento entre todas as etapas do planejamento estratégico, mas que a previsão de recursos para a realização das ações é uma peça fundamental, pois é a informação que possibilitará a elaboração do orçamento que dará suporte à implementação do planejamento estratégico. Apesar de o processo estratégico ser dinâmico e interativo – ou seja, ao mesmo tempo em que se planeja, a implementação ocorre –, é importante levar em conta que o planejamento estratégico deve ser elaborado antes do orçamento, e não o contrário. Somente após a definição das ações necessárias para cumprir o plano estratégico e os respectivos recursos é que realmente há condições de elaborar as peças orçamentárias. O orçamento, então, acaba sendo uma ferramenta de implementação da estratégia.

SISTEMAS DE CONTROLE E GESTÃO DE RECURSOS HUMANOS

Para alcançar um bom nível de coordenação e cooperação numa organização, é importante haver gestão de pessoal, pois os planos estratégicos e financeiros influenciam na forma como o pessoal se comporta dentro da organização. Para sustentarem os planos estratégicos e financeiros, as empresas necessitam de sistemas que estabeleçam objetivos, criem incentivos e supervisionem o desempenho dos empregados individuais. O papel principal da gestão dos recursos humanos é estabelecer um sistema de incentivos que sustente a implementação dos planos estratégicos e dos objetivos de resultados, alinhando os objetivos dos empregados e da empresa. O problema geral é um problema de agência: "Como podemos induzir os empregados a fazer o que a empresa quer?" (Grant, 2006).

Esse problema se torna mais grave com a dificuldade provocada pela imprecisão dos contratos de trabalho. Normalmente, os contratos de trabalho são imprecisos quanto às expectativas sobre os resultados do empregado. Além disso, o empregador dispõe de uma informação imperfeita sobre os resultados do trabalho do empregado – "na produção em equipe, o resultado individual não se pode observar de forma separada" (Grant, 2006, p. 280, tradução nossa).

Uma forma de assegurar a conformidade do empregado aos objetivos organizacionais é mediante a supervisão direta, estabelecida pela hierarquia. Mas essa tarefa apresenta limitações importantes. A primeira diz respeito aos poucos incentivos dados para que um empregado tenha um desempenho acima do mínimo estabelecido; a segunda se refere ao fato de a supervisão impor custos; e a terceira está relacionada à pressuposição do sistema de que o supervisor possui o conhecimento necessário para se dirigir de maneira eficaz ao empregado.

Para contornar essas dificuldades e fomentar uma cooperação mais eficaz, a chave está em empregar alguns incentivos mais sofisticados do que a ameaça de desligamento do empregado.

Conforme Grant (2006, p. 280, tradução nossa), "A compensação e a promoção são os principais incentivos disponíveis para a empresa para impulsionar a cooperação."

A chave para desenhar sistemas de compensação está em vincular a retribuição, assim como os *inputs* requeridos para ter um desempenho eficaz no trabalho (por exemplo: horas de trabalho, pontualidade, esforço, número de clientes visitados) e os *outputs*. A forma mais simples de compensação por resultados é o trabalho por peça (pagamento por unidade de *outputs* produzida) ou a comissão (pagamento de uma porcentagem das receitas geradas).

Outro aspecto a ser considerado neste ponto é a necessidade de buscar a coordenação, não apenas do trabalho individual, mas também do trabalho em equipe. Para isso, é preciso que se vincule a retribuição com os resultados da equipe ou do departamento. "Quando a empresa precisa de uma colaboração ampla e global, existem poucas alternativas, salvo vincular a retribuição com os resultados da empresa por meio de alguma forma de compartilhar os lucros" (Grant, 2006, p. 280, tradução nossa).

O BALANCED SCORECARD (BSC): SISTEMA DE CONTROLE PARA SISTEMATIZAÇÃO DA ESTRATÉGIA COMO PLANO

Kaplan e Norton (2001) apresentam o Balanced Scorecard (BSC) e as iniciativas estratégicas (Figura 3.15). Trata-se de um modelo de gestão estratégica que contribui para a mensuração das ações das empresas em direção à consecução de suas metas de longo prazo, por meio da tradução da estratégia em objetivos, indicadores, metas e iniciativas estratégicas. Para os autores, esse modelo representa o preenchimento do *gap* (do vazio, da lacuna) que existia entre o que a organização deseja fazer é o que ela faz. É isso que proporciona alinhamento estratégico e possibilita a consecução de quatro perspectivas estratégicas:

1. **satisfação dos acionistas**: ao incrementar seu patrimônio;
2. **satisfação dos clientes**: ao satisfazer suas necessidades;
3. **processos produtivos**: ao produzir e vender produtos de qualidade a um custo adequado;
4. **empregados motivados e preparados**: que movem a organização.

O *gap* apresentado na Figura 3.15, na opinião de Kaplan e Norton (2001), é preenchido pelo BSC e pelas iniciativas estratégicas necessárias, uma vez que esses elementos fazem a tradução do plano para todas as áreas da empresa, podendo chegar até mesmo ao nível individual. Os resultados são avaliados levando-se em consideração as mencionadas quatro perspectivas, como é mostrado na Figura 3.16.

Com o BSC, segundo Kaplan e Norton (2001), é possível exercer uma visão integral e holística da organização. Além disso, ele facilita a avaliação da estratégia por meio da mensuração e da comparação (Ipinza, 2013). Na visão de Kaplan e Norton (2001), o BSC não só garante um processo de implementação estratégica exitosa, porque, com ele, é possível ver para onde a organização se dirige, como também permite corrigir o rumo do quer for implementado quando necessário. No entanto, na realidade, o BSC serviu muito mais como ferramenta facilitadora do processo de sistematização do plano estratégico e de seu desdobramento do que como ferramenta garantidora do sucesso da implementação estratégica.

FIGURA 3.15 – *GAP* QUE É PREENCHIDO PELO BSC

Visão
O que queremos?

Missão
Por que existimos?

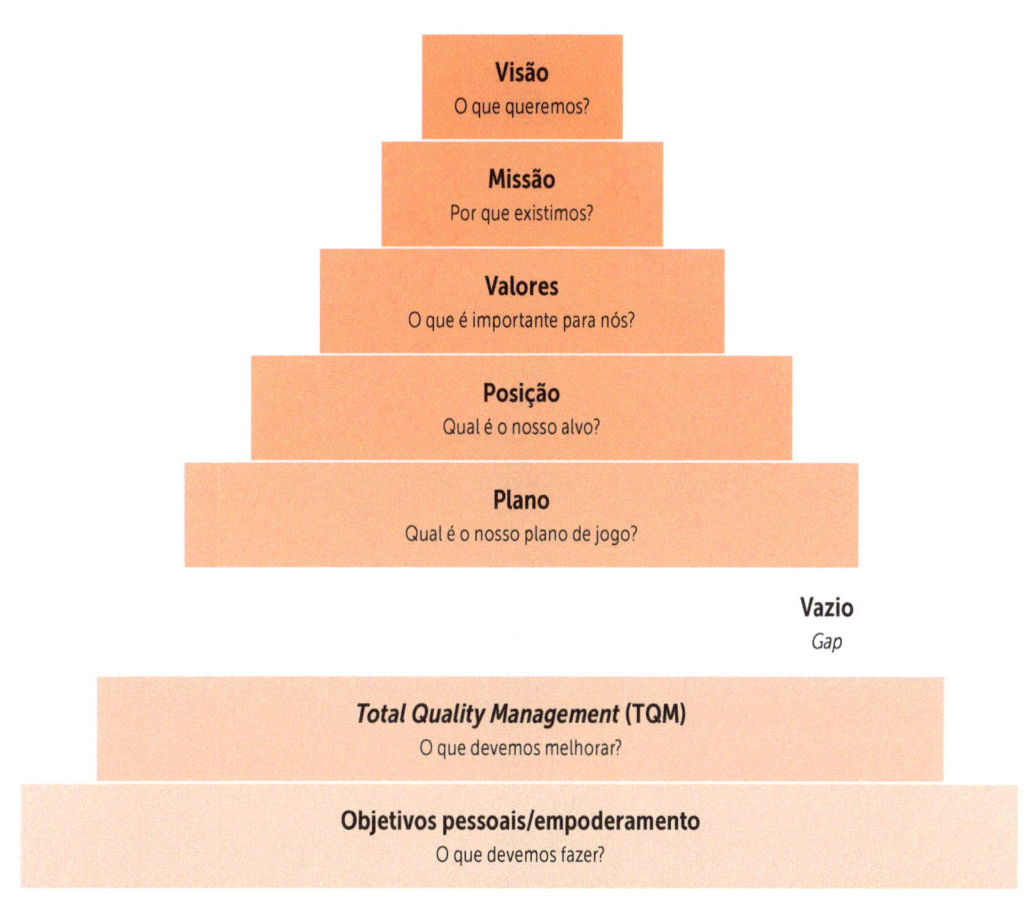

Valores
O que é importante para nós?

Posição
Qual é o nosso alvo?

Plano
Qual é o nosso plano de jogo?

Vazio
Gap

***Total Quality Management* (TQM)**
O que devemos melhorar?

Objetivos pessoais/empoderamento
O que devemos fazer?

Fonte: Ipinza, 2013, p. 518, tradução nossa.

A elaboração do BSC deve começar com a avaliação da aprendizagem organizacional (aprendizagem e crescimento da organização) em torno da seguinte pergunta: "Como a minha organização deve aprender e melhorar para alcançar a visão?". Em seguida, deve vir a perspectiva dos processos internos, definida com as interrogações: "Como vamos satisfazer nossos clientes?" e "Em quais processos devemos ser excelentes para satisfazer a nossos clientes?". Na sequência, deve ser tratada a perspectiva do cliente, ou seja, deve-se responder: "Como devo olhar meus clientes?" (o que considero ao identificar segmentos de mercado) e "Como trato os meus clientes para que comprem?". É preciso elaborar produtos de qualidade, pelos quais os clientes estejam dispostos a pagar; se compram, então, geram-se receitas e chega-se à perspectiva financeira: "Se temos sucesso, como olhamos nossos acionistas?" (Ipinza, 2013).

FIGURA 3.16 – BSC E INICIATIVAS ESTRATÉGICAS

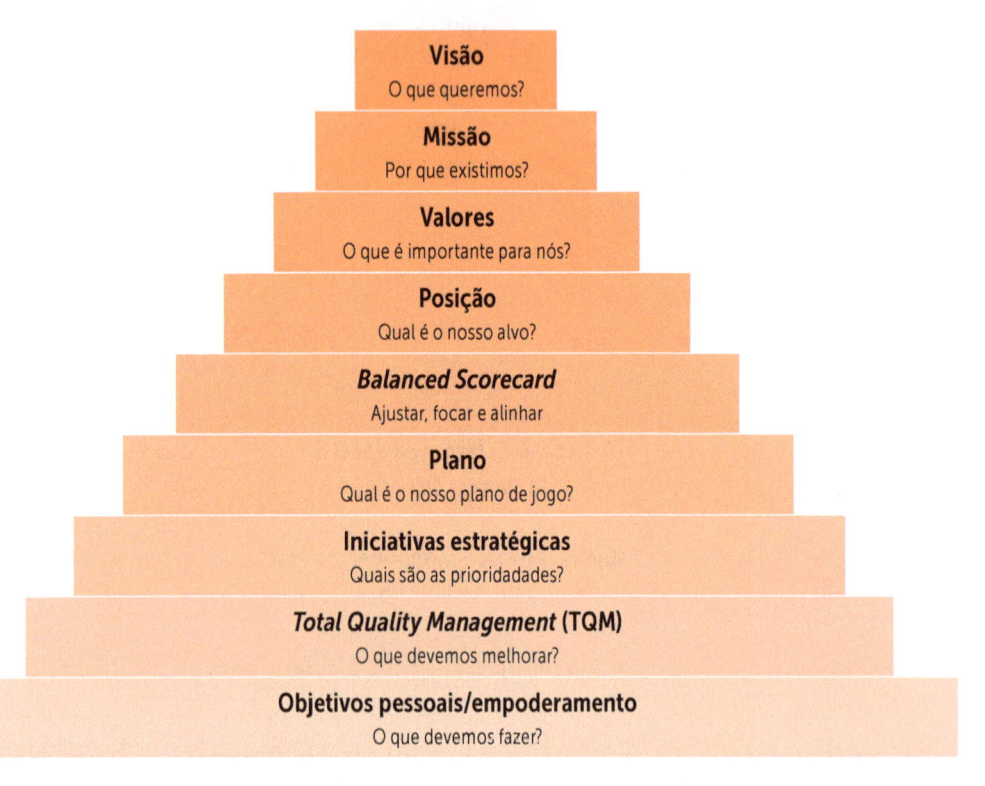

Visão
O que queremos?

Missão
Por que existimos?

Valores
O que é importante para nós?

Posição
Qual é o nosso alvo?

Balanced Scorecard
Ajustar, focar e alinhar

Plano
Qual é o nosso plano de jogo?

Iniciativas estratégicas
Quais são as prioridades?

Total Quality Management **(TQM)**
O que devemos melhorar?

Objetivos pessoais/empoderamento
O que devemos fazer?

Fonte: Ipinza, 2013, p. 518, tradução nossa.

O processo de análise da estratégia é invertido, como mostra a Figura 3.17. Esse processo, de mensurar e comparar, ajusta a perspectiva financeira (acionistas satisfeitos); em seguida, ajusta a perspectiva dos clientes (clientes satisfeitos) e a perspectiva dos processos internos (que devem ser produtivos); e depois, ajusta a aprendizagem e o crescimento organizacional (empregados motivados e preparados). A mensuração é a linguagem que dá luz a conceitos vagos. Portanto, não se pode traçar um objetivo vago, uma vez que é necessário fixar objetivos que sejam passíveis de mensuração e, por sua vez, comparação. A grande qualidade do BSC está no manejo dos aspectos quantitativos.

FIGURA 3.17 – DA VISÃO E DA MISSÃO A RESULTADOS ESTRATÉGICOS

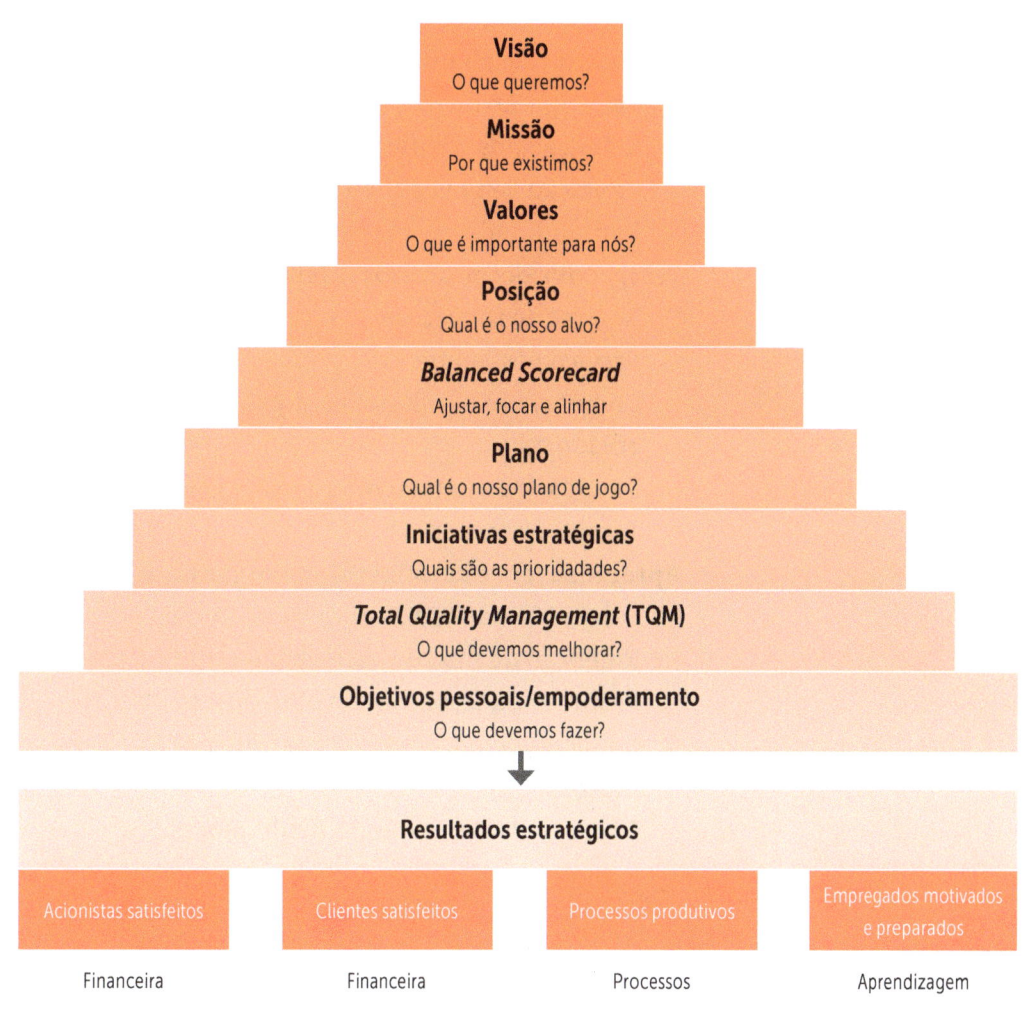

Visão
O que queremos?

Missão
Por que existimos?

Valores
O que é importante para nós?

Posição
Qual é o nosso alvo?

Balanced Scorecard
Ajustar, focar e alinhar

Plano
Qual é o nosso plano de jogo?

Iniciativas estratégicas
Quais são as prioridades?

Total Quality Management (TQM)
O que devemos melhorar?

Objetivos pessoais/empoderamento
O que devemos fazer?

↓

Resultados estratégicos

Acionistas satisfeitos	Clientes satisfeitos	Processos produtivos	Empregados motivados e preparados
Financeira	Financeira	Processos	Aprendizagem

Fonte: Ipinza, 2013, p. 519, tradução nossa.

Kaplan e Norton (2001) sugerem algumas medidas típicas para avaliar a consecução dos objetivos, a saber:

1. **Perspectiva financeira**
   - Retorno sobre o uso do patrimônio (ROE[4]).
   - Retorno sobre as vendas (ROS[5]).
   - Receita por empregado.
   - Rentabilidade por projeto.
   - Análise do ponto de equilíbrio.
   - Fluxo de caixa.
   - Retorno financeiro.
2. **Perspectiva do cliente**
   - Participação de mercado.
   - Retenção dos clientes e consumidores.
   - Captação de novos clientes e consumidores.
   - Rentabilidade por cliente e consumidor.
3. **Perspectiva dos processos internos**
   - Regime de inovações.
   - Serviço pós-venda.
   - Eficiência operacional com processos produtivos eficientes.
   - Medidas de qualidade, de produção e perdas.
   - Tempo dos ciclos.
4. **Aprendizagem e crescimento da organização**
   - Satisfação da mão de obra operacional.
   - Retenção da mão de obra operacional.
   - Produtividade da mão de obra operacional.
   - Capacidade dos sistemas de informação e comunicação.
   - Capacidade dos sistemas facilitadores.

Esses indicadores ajudam não só a conduzir o processo de implementação, segundo Kaplan e Norton (2001), como também a conhecer se os objetivos estão sendo alcançados. Essas medidas de desempenho são fundamentais para controlar o alcance dos objetivos que conduzem à visão estabelecida. Quatro perguntas devem ser feitas para cada uma dessas quatro áreas de desempenho:

---

4 *Return on equity* (em português, *retorno sobre o patrimônio líquido*).
5 *Return on sales*.

1. Qual é a visão de futuro da organização?
2. Se a visão for alcançada, como será a organização?
3. Quais são os fatores críticos de sucesso?
4. Quais são as medidas críticas de desempenho?

Conforme Kaplan e Norton (2001), o BSC é uma excelente ferramenta de controle estratégico, apesar de incorretamente identificado por alguns como uma ferramenta de planejamento estratégico. Mas, como mencionamos anteriormente, ao longo do tempo o BSC acabou sendo utilizado dessa forma, principalmente como uma ferramenta de sistematização do desdobramento do planejamento estratégico.

Kaplan e Norton (2001) afirmam que com o BSC não se planeja, razão pela qual é chamado de *quadro de controle* e não de *quadro de formulação*. Essa defesa da ferramenta pelos autores é justamente uma prova de que, na prática, o BSC acabou sendo empregado como parte do processo de planejamento estratégico, apesar da recomendação insistente de Kaplan e Norton. Muitas organizações utilizam o BSC e não obtêm resultado porque partem da perspectiva financeira, estabelecendo objetivos numéricos (incremento das vendas, incremento dos lucros etc.), e definem esses objetivos em porcentagem, o que as faz crer que o planejamento é estratégico. Em seguida, desenvolvem o resto das perspectivas para chegar a seus objetivos financeiros e começam a utilizar o BSC como uma ferramenta de controle de gestão, o que também é equivocado e, obviamente, não funciona, como afirma Ipinza (2013).

O incremento das vendas, os lucros e outros índices financeiros devem vir do planejamento, ou seja, um dos objetivos traçados em razão de toda a análise deve possibilitar o ajuste em porcentagens de incrementos ou índices financeiros. Estabelecido isso, o BSC serve para saber que, com tudo o que foi definido na formulação estratégica, será possível chegar à consecução desse objetivo, que será um objetivo a mais para alcançar a visão. Com base nessa reflexão, é importante reforçar os princípios para se aplicar com sucesso o BSC tal como definido por Kaplan e Norton (2001).

Kaplan e Norton (2001) descreveram e desenvolveram cinco princípios comuns observados em diversas organizações depois de aplicarem com sucesso o BSC. Esses princípios servem para criar uma organização focada na estratégia. A intenção é conseguir que a estratégia seja implementada com êxito com o apoio do BSC, como indica, de maneira resumida, a Figura 3.17.

Outro recurso desenvolvido por Kaplan e Norton (2001) foi a criação do mapa estratégico, que consiste na elaboração gráfica (por isso a ideia de mapa) da relação de causa e efeito entre os objetivos de cada perspectiva do BSC. A sequência é a já demonstrada, que vai da perspectiva de aprendizagem, passa pela perspectiva dos processos internos, depois pela perspectiva do cliente, até chegar à perspectiva financeira, quando, finalmente, se alcança a consecução da visão, como ilustra a Figura 3.18.

FIGURA 3.18 – PRINCÍPIOS DE UMA ORGANIZAÇÃO FOCADA NA ESTRATÉGIA

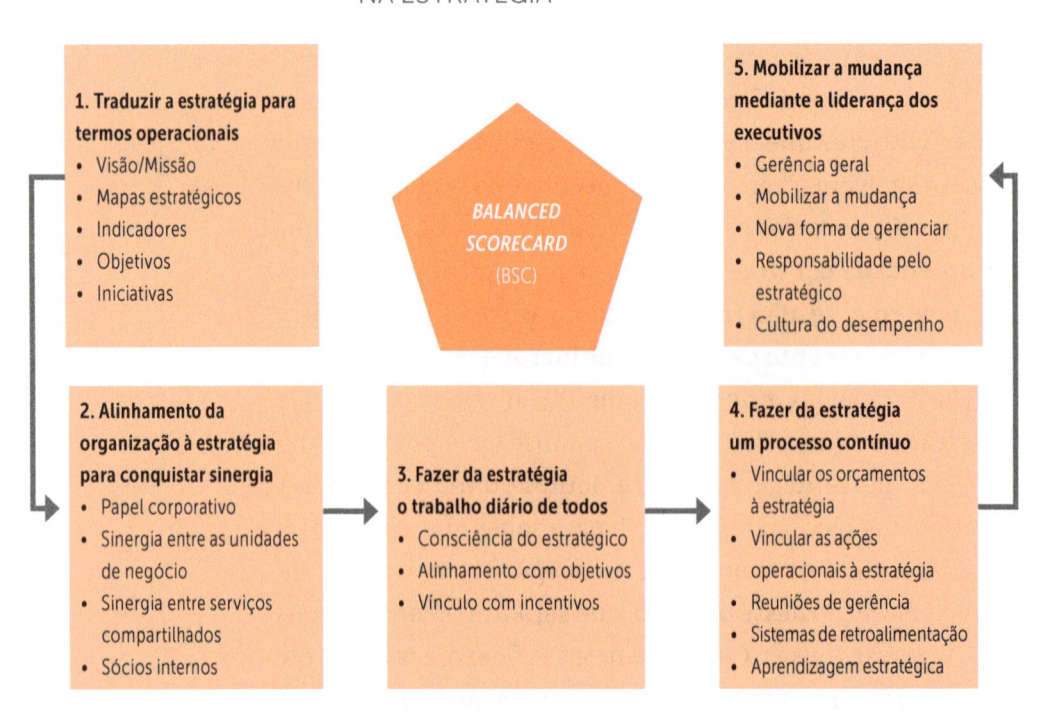

1. Traduzir a estratégia para termos operacionais
- Visão/Missão
- Mapas estratégicos
- Indicadores
- Objetivos
- Iniciativas

2. Alinhamento da organização à estratégia para conquistar sinergia
- Papel corporativo
- Sinergia entre as unidades de negócio
- Sinergia entre serviços compartilhados
- Sócios internos

BALANCED SCORECARD (BSC)

3. Fazer da estratégia o trabalho diário de todos
- Consciência do estratégico
- Alinhamento com objetivos
- Vínculo com incentivos

4. Fazer da estratégia um processo contínuo
- Vincular os orçamentos à estratégia
- Vincular as ações operacionais à estratégia
- Reuniões de gerência
- Sistemas de retroalimentação
- Aprendizagem estratégica

5. Mobilizar a mudança mediante a liderança dos executivos
- Gerência geral
- Mobilizar a mudança
- Nova forma de gerenciar
- Responsabilidade pelo estratégico
- Cultura do desempenho

Fonte: Ipinza, 2013, p. 524, tradução nossa.

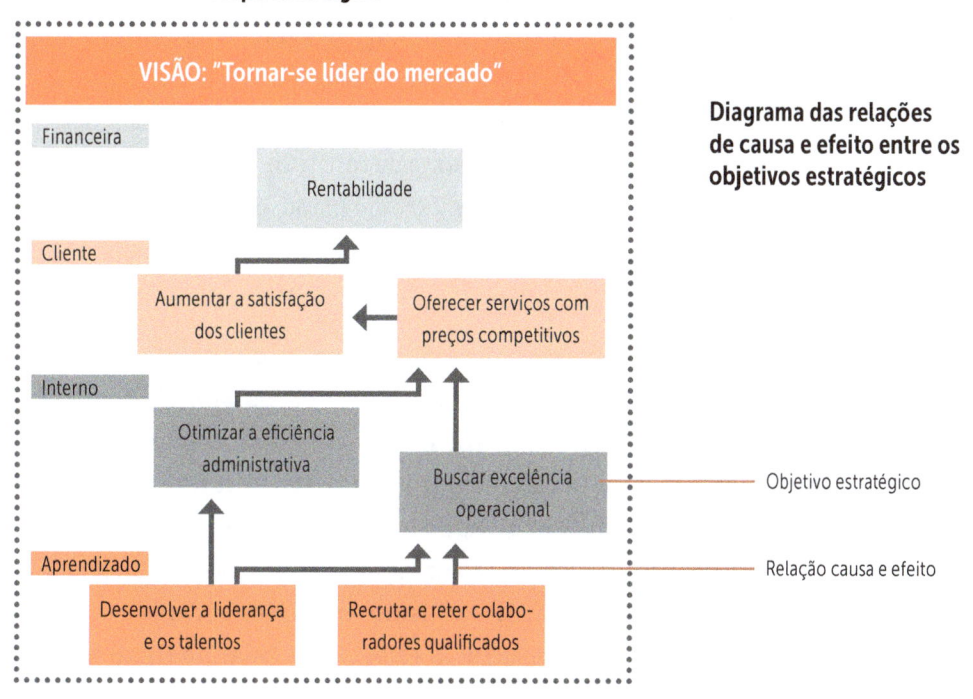

FIGURA 3.19 – EXEMPLO DE MAPA ESTRATÉGICO E SUAS RELAÇÕES DE CAUSA E EFEITO

Mapa estratégico

VISÃO: "Tornar-se líder do mercado"

Financeira — Rentabilidade

Cliente — Aumentar a satisfação dos clientes; Oferecer serviços com preços competitivos

Interno — Otimizar a eficiência administrativa; Buscar excelência operacional

Aprendizado — Desenvolver a liderança e os talentos; Recrutar e reter colaboradores qualificados

Diagrama das relações de causa e efeito entre os objetivos estratégicos

- Objetivo estratégico
- Relação causa e efeito

3.2 ESTRATÉGIA COMO PRETEXTO

Mintzberg et al. (2007) derivam do conceito de estratégia como plano o quarto P da estratégia, que é a estratégia como pretexto (ou como *truque*, numa tradução mais específica). Os autores afirmam que, "como plano, uma estratégia também pode ser um pretexto, realmente apenas uma 'manobra' específica para superar um oponente ou concorrente" (Mintzberg et al., 2007, p. 24). Nessa afirmação, eles deixam clara a ideia de que o pretexto é uma ação planejada, intencional, por parte da empresa, do estrategista, mas que, ainda assim, comunica, por meio de uma ação, uma mensagem de um plano que não corresponde à verdadeira intenção ou à realidade. Ou seja, o plano real é o truque, a ilusão que se quer provocar, talvez, na mente do concorrente, seja para iludi-lo, seja para antecipar-se a ele. Isso fica evidente no exemplo que os próprios autores propõem:

> A criança pode usar a cerca como um pretexto para levar um valentão para o quintal, onde seu Doberman aguarda os intrusos. Da mesma forma, uma corporação pode ameaçar expandir a capacidade da fábrica para desencorajar um concorrente de construir uma nova fábrica. Aqui a estratégia real (como plano, ou seja, a intenção real) é a ameaça, não a expansão em si, e, como tal, é um pretexto. (Mintzberg et al., 2007, p. 24)

Mintzberg et al. (2007) destacam o pretexto como um quarto P da estratégia pelo fato de essa possibilidade não ser percebida como um plano normalmente construído, uma vez que tem a característica específica de representar uma tentativa de iludir (ou de aplicar um truque) principalmente os concorrentes. Portanto, acompanha essa característica o fato de normalmente se tratar de um movimento rápido e de pouca duração, caso contrário estaríamos falando de um plano normalmente concebido. No entanto, é importante relembrar sempre que é um movimento intencional e, logo, em essência, um movimento planejado.

Por ser um movimento com natureza de truque, Mintzberg et al. (2007) relacionam esse P a uma literatura crescente no campo da gestão estratégica e também sobre o processo geral de barganha, que vê a estratégia dessa forma e por isso concentra atenção em seus aspectos mais dinâmicos e competitivos.

Mintzberg et al. (2007) fazem referência ao livro *Competitive Strategy*, de Porter (1980), especificamente ao capítulo "Market signals" (Sinais de mercado), que inclui a discussão sobre os efeitos do anúncio de mudanças pelo uso de "marca lutadora" e pelo uso de ameaças de processos privados antitrustes, e ao capítulo "Competitive moves" (Mudanças competitivas), que inclui ações para conseguir uma melhor resposta competitiva antecipada.

Desse modo, Mintzberg et al. (2007) relacionam a estratégia como pretexto à literatura que vincula a estratégia às respostas que as empresas são muitas vezes forçadas a dar para se anteciparem em relação a seus concorrentes em busca do aproveitamento de oportunidades ou da defesa contra ameaças, ou simplesmente como um movimento de reforço de uma posição ou consolidação de uma conquista no mercado.

Mintzberg et al. (2007) também fazem referência ao livro de Thomas C. Schelling (1980), *The Strategy of Conflict*, dedicado em grande parte ao tópico dos pretextos para superar rivais em uma situação competitiva ou de barganha.

A estratégia como pretexto também guarda relação com muitos aspectos de sua origem militar. As manobras militares são ações planejadas nos mínimos detalhes, quando desenvolvidas de maneira alinhada aos princípios da doutrina. Entretanto, faz parte do processo de planejamento das manobras militares a análise da situação do inimigo fictício, mas com características reais. Integra esse planejamento a execução de truques (pretextos) que possam levar o exército à realização de uma ação que possa iludir e surpreender o inimigo (concorrente). Nesse exemplo, percebe-se a manutenção das características de intencionalidade do plano, inclusive com a previsão dos recursos adequados e necessários, mas estão presentes as características diferenciadoras, que são a rapidez do movimento e sua duração. Ou seja, o pretexto é um movimento planejado, mas executado com rapidez, tendo pouca duração, apesar da relatividade que esses termos adquirem no campo geral da gestão e da gestão estratégica.

Ao observarmos a dinâmica hodierna dos mercados, com um pouco de atenção, podemos notar diversos movimentos de empresas que se caracterizariam como pretextos. Muitos desses movimentos são ações realizadas com a finalidade de se antecipar aos concorrentes, e tantos outros são reações das empresas afetadas por manobras realizadas pelos seus concorrentes.

ESTUDO DE CASO

Um exemplo prático a que podemos fazer referência é o movimento realizado pela Cia. Iguaçu, empresa dona da marca Café Iguaçu, localizada no município paranaense de Cornélio Procópio, a qual atualmente está entre as três maiores empresas no Brasil exportadoras de café solúvel. No início da década de 2010, a Café Iguaçu fez uma manobra que consistiu em melhorar a exposição de seus produtos, em especial o café solúvel, nas gôndolas das principais redes de varejo do país, e realizar uma ação de degustação. O resultado desse movimento foi muito positivo, tendo levado a empresa a aumentar seu *market share* em 2 ou 3 pontos percentuais, o que, para o tamanho do mercado brasileiro, já era algo muito significativo.

No entanto, o principal afetado pela manobra da Café Iguaçu, que foi o Nescafé, da Nestlé, em pouco tempo reagiu com outro movimento. O Nescafé lançou uma promoção muito simples, mas eficaz, que foi a venda do produto com um brinde muito atrativo: uma caneca vermelha com o nome da marca gravado. O êxito foi muito expressivo, pois muitas pessoas, ainda que não tivessem preferência por café solúvel, sentiram-se atraídas pelo brinde da caneca vermelha. Muitos acabaram comprando o produto para aproveitar a promoção. O resultado foi surpreendente, pois a Nescafé, com a manobra feita em resposta à do Café Iguaçu, não apenas recuperou o *market share* que havia perdido, como avançou mais alguns pontos percentuais. Esse exemplo, além de ilustrar uma manobra simples, revela o impacto que um movimento bem ou mal realizado pode provocar numa empresa. O Café Iguaçu, em linguagem militar, visualizou o "tiro saindo pela culatra", pois, talvez, não tenha avaliado muito bem a capacidade de reação que um concorrente tão forte quanto o Nescafé poderia demonstrar. Essa é a dinâmica competitiva do mercado, em que as manobras e os pretextos podem exercer um importante papel como ferramenta na mão dos estrategistas.

O exemplo da manobra do Café Iguaçu e a resposta sofrida pelo consequente movimento do Nescafé revelam a importância de uma empresa, antes de aplicar uma estratégia como pretexto (a manobra), avaliar não só se tem pontos fortes suficientes e necessários para não realizar apenas uma movimentação, mas também – e principalmente – se terá condições de suportar a possível reação do concorrente afetado. Esse raciocínio remete a uma visão militar da estratégia, segundo a qual as manobras são recursos importantes, desde que a avaliação das condições favoráveis e desfavoráveis seja muito bem-feita.

SÍNTESE

Neste capítulo, você pôde refletir os conceitos e elementos relacionados com a visão de estratégia como plano e de estratégia como pretexto, apresentados por Mintzberg et al. (2007) como dois dos 5 Ps da área. Esses conceitos e elementos, quando relacionados, inicialmente, com a estratégia como plano, são extremamente importantes para a dinâmica da área da estratégia. Nesse sentido, você deve ter percebido, por exemplo, o papel do conceito de cadeia de valor, tanto a interna quanto a externa. As empresas necessitam não apenas conhecer e mapear a cadeia de valor, mas também moldar as atividades, tanto as primárias quanto as de apoio, de maneira coerente com o posicionamento estratégico definido pela empresa. É dessa forma que ela produzirá um alinhamento importante entre plano e posição, fundamental para a maximização de seus resultados. Além disso, é importante que a empresa busque capturar as sinergias existentes nos elos externos da cadeia de valor, tanto para a frente (canais de distribuição) quanto para trás (fornecedores).

Outro elemento fundamental para compreender como o plano de uma empresa deve ser elaborado é o conceito de recursos e seus desdobramentos, tais como as noções de capacidade e competência. Esses fatores estão relacionados diretamente ao processo de geração de valor por parte da empresa. Por isso, como vimos, eles precisam ser articulados de maneira estratégica para que a maximização do valor criado pela empresa possa ser alcançada. Essa abordagem acaba caminhando para o importante conceito da visão baseada em recursos, com base na qual pudemos focalizar, em especial, o uso do modelo VRIO, a fim de ilustrar como essa abordagem dos recursos é relevante para a definição de um plano coerente para a empresa. Também destacamos o planejamento estratégico e o BSC como processos que possibilitam melhor sistematização e consequente execução da estratégia como plano.

Ao final do capítulo, você pôde ter contato com a importante variação da estratégia como plano, ao descrevermos as características da estratégia como pretexto. Vimos que o pretexto apresenta elementos de plano, já que também representa um processo intencional, pretendido antecipadamente por parte da empresa. Porém, uma vez que apresenta a característica adicional de ser um movimento rápido, com a intenção de se antecipar ao concorrente, o pretexto passa a ser tratado como um dos Ps da estratégia. Vale ressaltar aqui que o pretexto pressupõe uma manobra que deve ser planejada com muito cuidado, sempre com o suporte da avaliação de possíveis reações dos concorrentes afetados.

4

ESTRATÉGIA COMO PADRÃO

CONTEÚDOS DO CAPÍTULO:

- Estratégias emergentes.
- Mudança de posição e perspectiva.

APÓS O ESTUDO DESTE CAPÍTULO, VOCÊ SERÁ CAPAZ DE:

1. diferenciar o processo deliberado e emergente de formação da estratégia;
2. compreender o que é processo de estratégia emergente;
3. identificar formas de diversificação de negócios, tanto por perspectiva quanto por posição.

Os capítulos anteriores apresentaram as características, os conceitos e as principais técnicas relacionadas aos seguintes Ps da estratégia: perspectiva, posição, plano e pretexto.

Esses quatro Ps iniciais mantêm entre si uma lógica: o fato de estarem vinculados a um processo racional, intencional, num olhar para a frente, no qual as intenções e as ideias surgem e são definidas para que depois se parta para a ação.

Na proposta do quinto P para a estratégia, a estratégia como padrão, há um rompimento dessa lógica, pois, na interpretação seguida neste livro, essa possibilidade de estratégia apresenta o olhar para trás (ou para o hoje), para as ações realizadas ou em realização. Ou seja, uma vez que uma ação já está ocorrendo, a organização necessita criar consciência e decidir sobre sua continuidade ou interrupção.

Quando a decisão é por continuidade, por se entender que se trata de uma ação associada à estratégia intencional da organização, seja por complementaridade, seja como reforço, seja como uma alternativa que se mostra a mais adequada para contribuir para a criação de valor, evidencia-se na organização a estratégia como padrão. Se ela for interrompida, não será mais nada, muito menos estratégia.

Mintzberg et al. (2007, p. 24), para uma construção do termo, afirmam: "se as estratégias podem ser pretendidas (seja como planos gerais, seja como pretexto específico), elas certamente também podem ser realizadas. Em outras palavras, definir estratégia como um plano não é suficiente; também precisamos de uma definição que englobe o comportamento resultante".

Nesse sentido, Mintzberg e Waters (1985, p. 258, tradução nossa) apresentam uma outra definição: "estratégia é um padrão – especificamente, um padrão em uma corrente de ações". Mintzberg et al. (2007) comparam a estratégia como padrão ao processo, por exemplo, desenvolvido pelo pintor Picasso, que, por um período, pintou quadros azuis, padrão que utilizava por estratégia. Foi igualmente uma estratégia o comportamento da Ford Motor Company quando

Henry Ford oferecia o modelo T apenas na cor preta. Portanto, a estratégia como padrão é representada pela consistência no comportamento, pretendida ou não. Esse *pretendida ou não* depende sempre do ponto de vista ou da referência que se está utilizando.

Quando um padrão emerge, ele pode não ter sido intencional do ponto de vista da gestão da organização, mas pode ter sido intencional do ponto de vista do nível ou área que deu início às ações realizadas. Essa ideia de *não intencional* pode soar como uma definição estranha para uma palavra que tem sido tão associada à livre vontade (*strategos*, em grego, é a arte do general do exército [Evered, 1983]), segundo Mintzberg et al. (2007). Porém, nesse sentido, Mintzberg et al. (2007, p. 24) afirmam:

> o ponto principal é que, embora quase ninguém defina estratégia dessa forma, muitas pessoas parecem usá-la uma vez ou outra. Considere esta citação de um executivo empresarial: "Gradualmente, a abordagem bem-sucedida transforma-se em um modelo de ação que se torna nossa estratégia. Nós certamente não temos uma estratégia global para isso" (citado em Quinn, 1980:35). Esse comentário é inconsistente apenas se nos restringirmos a uma definição de estratégia: o que esse homem parece estar dizendo é que a empresa dele tem estratégia como padrão, mas não como plano. Ou considere este comentário na *Business Week* sobre uma *joint-venture* entre General Motors e Toyota: A tentativa de acordo com a Toyota pode ser muito importante porque é outro exemplo de como a estratégia da GM se reduz a fazer um pouco de tudo até que o mercado decida para onde vai. (*Business Week*, 31 outubro 1983). [...]

Para Mintzberg et al. (2007, p. 24-25), "as definições de estratégia como plano e padrão podem ser muito independentes uma da outra: planos podem não se realizar, enquanto que padrões podem aparecer sem ser preconcebidos".

Podemos, então, definir *estratégia como plano* como "estratégia pretendida" e *estratégia como padrão*, como "estratégia realizada", conforme mostrado na Figura 4.1. Nessa ilustração, que sintetiza a forma como Mintzberg et al. (2007) percebem o processo estratégico numa organização, podemos distinguir **estratégias deliberadas**, nas quais as intenções que existiam previamente foram realizadas, de **estratégias emergentes**, nas quais os modelos se desenvolveram sem intenções, substituindo algumas ações planejadas que se tornaram não realizadas.

FIGURA 4.1 – ESTRATÉGIAS DELIBERADAS E ESTRATÉGIAS EMERGENTES

Fonte: Mintzberg et al., 2007, p. 25.

Dificilmente uma estratégia é verdadeiramente deliberada, isto é, é impossível que uma estratégia efetivamente realizada seja fruto de um processo totalmente pretendido/previsto; mesmo que isso fosse possível, não seria desejável, pois representaria que a empresa estaria fechada ao aprendizado, ou seja, que ela estaria engessada. Segundo Mintzberg et al. (2007), nesse caso, as intenções precisas teriam de ser declaradas antecipadamente pelos líderes da organização; isso teria de ser aceito por todos os demais e, então, realizado sem qualquer interferência de forças de mercado, tecnológicas, políticas etc.

Por outro lado, uma estratégia verdadeiramente emergente é novamente uma exigência exagerada, ou seja, é impossível requerer consistência de ação sem qualquer dica de intenção (*sem consistência* significa "sem estratégia", ou pelo menos "estratégia não realizada"). Assim, algumas estratégias aproximam-se o suficiente de uma dessas formas, ao passo que outras – provavelmente a maioria – localizam-se em uma linha contínua que existe entre as duas, refletindo aspectos deliberados e também emergentes (Mintzberg et al., 2007).

Com base nessa ideia, podemos comparar o processo estratégico nas organizações a um *continuum*, em que em um dos extremos estaria uma estratégia fruto de um processo 100% deliberado, e no outro, uma estratégia fruto de um processo 100% emergente (Figura 4.2).

Tal como afirmamos anteriormente, os dois extremos são impossíveis de ocorrer na realidade e, ao mesmo tempo, não seriam desejáveis se ocorressem. Se o processo estratégico de uma organização fosse 100% deliberado, a organização estaria, como dito, engessada, fechada ao aprendizado; no entanto, se ela tivesse um processo estratégico 100% emergente, isso representaria o não controle. Algumas organizações, em razão do setor no qual atuam, do tamanho, da lógica dominante na empresa, do perfil da alta gerência etc., talvez devam ter um processo estratégico mais próximo do extremo do deliberado e, dependendo do comportamento dos mesmos fatores, devam ter um processo mais próximo do outro extremo, ou seja, do extremo do emergente. Ao longo desse *continuum* se distribuem as diversas possibilidades de processos estratégicos que representam combinações entre o deliberado e o emergente.

FIGURA 4.2 – *CONTINUUM* DO PROCESSO ESTRATÉGICO

Processo 100% deliberado ←——————————————→ Processo 100% emergente

Fonte: Elaborado com base em Mintzberg; Waters, 1985.

Mintzberg et al. (2007) e Mintzberg e Waters (1985) sistematizaram algumas possibilidades de combinações, várias das quais estão descritas no Quadro 4.1, o qual compõe uma lista de vários tipos de estratégias ao longo do *continuum* do processo estratégico.

QUADRO 4.1 – VÁRIOS TIPOS DE ESTRATÉGIA – DE *MUITO DELIBERADA* ATÉ *TOTALMENTE EMERGENTE*

ESTRATÉGIA	CARACTERÍSTICAS PRINCIPAIS
Planejada	Intenções precisas são formuladas e articuladas por uma liderança central e apoiadas por controles formais para assegurar a implementação sem surpresas em um ambiente benigno, controlável ou previsível (para garantir que não haja distorção de intenções); essas estratégias são altamente deliberadas.
Empreendedora	Existem intenções que se apresentam como uma visão pessoal, e não articulada, de um único líder, adaptáveis a novas oportunidades; a organização está sob o controle pessoal do líder e localizada em um nicho protegido em seu ambiente; essas estratégias são relativamente deliberadas, mas podem emergir também.
Ideológica	Existem intenções que se apresentam como uma visão coletiva de todos os membros da organização, controladas por normas fortemente compartilhadas; a organização é sempre proativa diante de seu ambiente; essas estratégias são bastante deliberadas.
Guarda-chuva	Uma liderança com controle parcial das ações organizacionais define alvos estratégicos ou fronteiras dentro das quais os outros devem agir (por exemplo, que todos os novos produtos tenham preço alto com base na tecnologia de ponta, embora de fato esses produtos devam ser deixados para emergir); como resultado, as estratégias são parcialmente deliberadas (as fronteiras) e parcialmente emergentes (os padrões dentro delas); essa estratégia também pode ser chamada de *deliberadamente emergente*, considerando-se que a liderança propositalmente permite que haja flexibilidade para manobrar e formar padrões dentro das fronteiras.
De processo	A liderança controla os aspectos de processo da estratégia (quem é contratado e, assim, tem uma chance de influenciar a estratégia, dentro de que estruturas eles vão trabalhar etc.), deixando o conteúdo real da estratégia para os outros; as estratégias são de novo parcialmente deliberadas (processo de envolvimento) e parcialmente emergentes (conteúdo de envolvimento), e de novo deliberadamente emergentes.
Desconectada	As estratégias se originam em enclaves: atores fracamente acoplados ao resto da organização produzem padrões em ações próprias na ausência de, ou em contradição direta com, intenções centrais ou comuns; estratégias organizacionalmente emergentes, deliberadas ou não pelos atores.
De consenso	Por meio de ajuste mútuo, vários membros convergem para padrões que permeiam a organização na falta de intenções centrais ou comuns; essas estratégias são bastante emergentes em sua natureza.
Imposta	O ambiente externo dita padrões de ações, seja por imposição direta (digamos, por um proprietário externo ou por um cliente forte), seja por meio de apropriação implícita, seja por limitação de escolha organizacional (como em uma grande empresa aérea que deve voar com jatos jumbo para continuar viável); essas estratégias são organizacionalmente emergentes, embora possam ser internalizadas, tornando-se deliberadas.

Fonte: Mintzberg; Waters, 1985, p. 270, tradução nossa.

O processo estratégico descrito por Mintzberg e Waters (1985) oferece um amplo leque de possibilidades de combinações entre o processo deliberado e o emergente, dando origem a uma infinidade de estratégias que as empresas podem vir a colocar em prática. O Quadro 4.1 reúne algumas dessas possibilidades. Mintzberg e Waters (1985), de certa forma, apresentaram possibilidades de combinações entre os Ps, que resultam em formas diferentes de conduzir e formar a estratégia de uma empresa.

4.1 MUDANÇA DE POSIÇÃO E DE PERSPECTIVA

Uma das relações entre os Ps da estratégia que Mintzberg, Ahlstrand e Lampel (2000) e Mintzberg et al. (2007) mais exploraram foi a existente entre a estratégia como posição e a estratégia como perspectiva. Essa relação pode ser considerada para entender as mudanças de estratégia que uma empresa pode realizar. Outra contribuição que a análise dessa relação pode trazer é a avaliação das possibilidades de diversificações que uma organização tem com base em seu negócio principal ou inicial.

Mintzberg, Ahlstrand e Lampel (2000, p. 18) citam o exemplo do McDonald's, empresa que alguns anos atrás "lançou um novo produto, que foi o Egg McMuffin – o breakfast americano em um bolo". Segundo os autores, o objetivo do McDonald's era encorajar a frequência de clientes nos restaurantes pela manhã. Mintzberg, Ahlstrand e Lampel (2000) afirmam que algumas pessoas, se perguntadas, vão responder que esse movimento de criação do Egg McMuffin representa uma mudança estratégica para o McDonald's, pois o coloca no mercado de *breakfast* (café da manhã), enquanto outras responderão que o ocorrido não representa mudança alguma, pois, na realidade, trata-se do mesmo *status* anterior, ou seja, continua sendo a maneira McDonald's de lidar com a situação, embora com outra embalagem. A diferença entre essas pessoas está na forma como definem *estratégia* (Mintzberg; Ahlstrand; Lampel, 2000).

Algumas definem *estratégia* como posição, ou seja, a localização de determinados produtos em determinados mercados. O fato de o Egg McMuffin ser destinado para o mercado de *breakfast* foi, na visão de algumas pessoas, uma definição de posição para o McDonald's. Conforme define Porter (1999, p. 63), "estratégia é criar uma posição exclusiva e valiosa, envolvendo um diferente conjunto de atividades".

Para outras pessoas, a estratégia utilizada foi de perspectiva, a qual, como afirmam Mintzberg, Ahlstrand e Lampel (2000), é a maneira fundamental de uma organização fazer as coisas. No exemplo, como dito, teria sido aplicada a maneira do McDonald's. Mintzberg, Ahlstrand e Lampel (2000) analisam o caso afirmando que o McDonald's conseguira introduzir o Egg McMuffin com sucesso porque a nova posição estava em conformidade com a perspectiva existente. Mudar de perspectiva, mesmo mantendo a posição, não é nada fácil. Para exemplificar isso, Mintzberg, Ahlstrand e Lampel (2000) utilizam o exemplo hipotético de o McDonald's passar a oferecer um pato assado *à la carte* (McDuckling à l'Órange). Se isso acontecesse, seria mudança de perspectiva.

Na Figura 4.3 é ilustrada a relação entre posição e perspectiva que esses autores denominaram de *síndrome do Egg McMuffin*.

FIGURA 4.3 – SÍNDROME DO EGG McMUFFIN

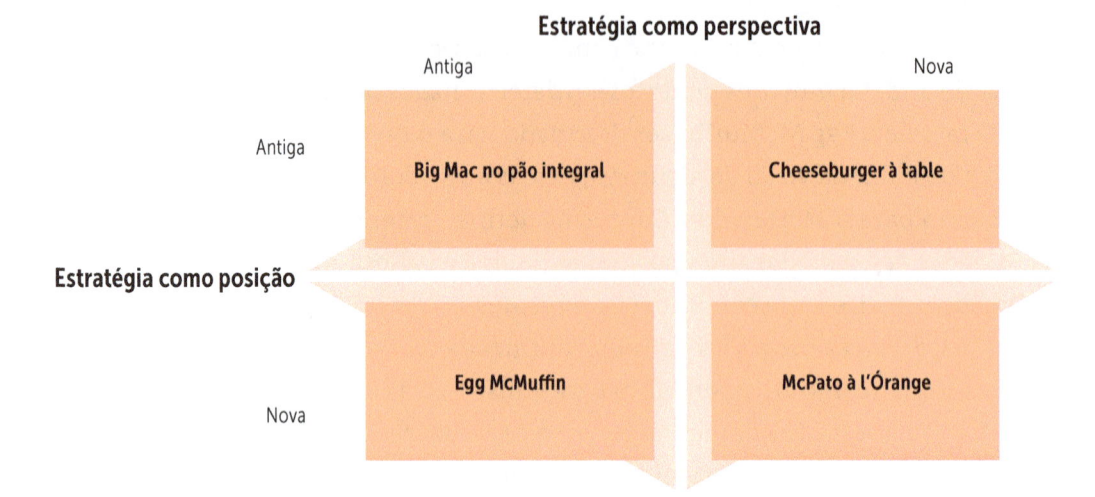

```
                        Estratégia como perspectiva
                 Antiga                         Nova

  Antiga    ┌──────────────────┐      ┌──────────────────┐
            │ Big Mac no pão   │      │ Cheeseburger     │
            │ integral         │      │ à table          │
            └──────────────────┘      └──────────────────┘
Estratégia
como posição
            ┌──────────────────┐      ┌──────────────────┐
            │ Egg McMuffin     │      │ McPato à l'Órange│
  Nova      └──────────────────┘      └──────────────────┘
```

Fonte: Mintzberg; Ahlstrand; Lampel, 2000, p. 21.

Essa análise realizada por Mintzberg, Ahlstrand e Lampel (2000), que avaliaram a relação entre a estratégia como perspectiva e a estratégia como posição, proporciona uma ferramenta de análise não apenas para a mudança de posição ou de perspectiva, mas também para a análise das opções de diversificação de negócios para uma organização. As Figuras 4.4 e 4.5 apresentam exemplos dessa aplicação e análise nos setores de educação infantil e ensino fundamental (I e II) e na educação superior, mostrando tanto uma diversificação por posição quanto por perspectiva.

É possível analisar, por meio da relação entre posição e perspectiva, os movimentos de mudanças estratégicas que uma mesma empresa realiza ao longo do tempo, o que ajuda a compreender suas decisões e a trajetória da estratégia utilizada ao longo dos anos.

FIGURA 4.4 – EXEMPLO DO SETOR DE EDUCAÇÃO

Estratégia como perspectiva

	Antiga	Nova
Antiga	Colégio de educação infantil, ensino fundamental e médio	Editora de livros didáticos
Nova	Alfabetização de adultos e supletivo	Editora de romances policiais

Estratégia como posição

FIGURA 4.5 – EXEMPLO DO SETOR DE EDUCAÇÃO SUPERIOR

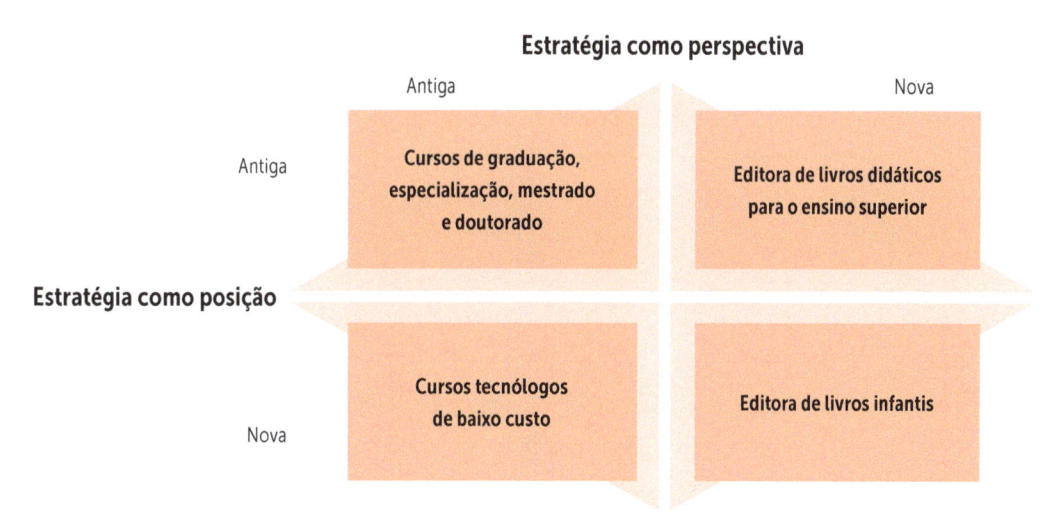

Estratégia como perspectiva

	Antiga	Nova
Antiga	Cursos de graduação, especialização, mestrado e doutorado	Editora de livros didáticos para o ensino superior
Nova	Cursos tecnólogos de baixo custo	Editora de livros infantis

Estratégia como posição

Aproximadamente no ano de 2000, a empresa O Boticário deu início à diversificação do negócio, que ocorreu por meio da aquisição de um *shopping-center*, o *shopping* Estação em Curitiba. O passo seguinte foi a construção, ao lado do Shopping Estação, de um centro de convenções (Centro de Convenções Estação-Embratel) (ver Figura 4.6). Essa diversificação foi por perspectiva. Uma fábrica de cosméticos e perfumaria, um *shopping-center* e um centro de convenções têm razões de ser distintas e atendem a distintas necessidades na sociedade. Portanto, têm diferentes estratégias como perspectiva. Ao diversificar a empresa, O Boticário criou o nível corporativo, que foi denominado de Grupo K&G, em referência às iniciais dos sobrenomes dos dois sócios fundadores (Miguel **K**rigsner e Artur **G**rynbaum).

Em 2007, o Grupo K&G anunciou a venda do Shopping Estação e do Centro de Convenções para a administradora br-Malls, uma empresa do grupo GP Investimentos. O Boticário, então, deixava de ser uma unidade de negócio do Grupo K&G e voltava a ser uma empresa de negócio único.

FIGURA 4.6 – PORTFÓLIO DE NEGÓCIOS DO GRUPO K&G EM 2006

```
                    Grupo K&G
         ┌──────────────┼──────────────┐
    O Boticário   Shopping Estação   Centro de Convenções
                                       Estação-Embratel
```

Em 2010, a empresa fez um novo movimento de diversificação de negócios, criando inicialmente o Grupo Boticário para ser o gestor do portfólio de negócios. Atualmente, o grupo possui quatro marcas: O Boticário; Eudora; Quem Disse, Berenice?; e The Beauty Box:

- O Boticário: principal companhia do grupo, criada em 1977, que produz, distribui e vende vários produtos ligados aos cosméticos (perfumes, maquiagens etc.). Em todo o território brasileiro, a marca O Boticário possui mais de 3.700 lojas.

- Eudora: marca de cosméticos, criada em 2011, que atua no sistema de venda direta e em lojas próprias, além do comércio eletrônico.
- Quem Disse, Berenice?: marca criada em agosto de 2012 que atua no ramo de maquiagens e atualmente possui cerca de 500 produtos e mais 115 lojas em diversos pontos do Brasil.
- The Beauty Box: divisão do grupo criada em novembro de 2012 que comercializa produtos de outras marcas próprias e de outras empresas e diversos tipos de cosméticos (perfumes, maquiagens e itens para cabelos). Essa divisão vende mais de 7 mil produtos de mais de 60 marcas.

O Grupo Boticário, por meio de aquisição, criou uma nova unidade (a Multi B), que reúne a distribuição de outras marcas no mercado brasileiro e de marcas adquiridas, como a Vult Cosméticos.

FIGURA 4.7 – PORTFÓLIO DE NEGÓCIOS DO GRUPO BOTICÁRIO – 2018

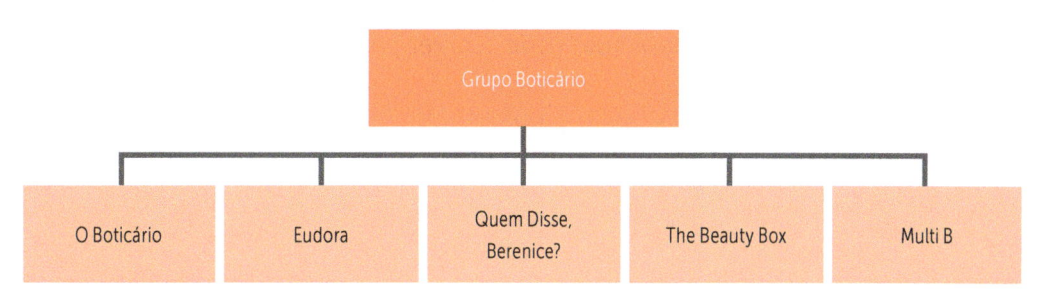

```
                    Grupo Boticário
    ┌──────────┬──────────┬──────────────┬──────────────┬──────────┐
 O Boticário  Eudora   Quem Disse,    The Beauty Box   Multi B
                        Berenice?
```

Essa diversificação atual pode ser considerada, ao contrário do movimento realizado no ano 2000, uma diversificação por posição, uma vez que a perspectiva continua sendo beleza e bem-estar em todos os negócios, embora com posicionamentos diferentes, a ponto de, num mesmo *shopping*, no mesmo piso, e a poucos metros de distância, estarem localizadas uma loja da marca O Boticário, uma outra da The Beauty

Box e outra ainda da Quem Disse, Berenice?, o que demonstra claramente a diferença de posição que cada uma das marcas conseguiu alcançar e passar para o público-alvo.

SÍNTESE

Neste capítulo, tratamos da estratégia como padrão, um dos Ps trabalhados que pode ser identificado como processo da estratégia emergente, tipo de estratégia que se caracteriza por representar uma persistência no comportamento dos colaboradores na organização. Trata-se do fluxo de ações que, quando identificado e incorporado, se configura como estratégia que emergiu sem ter sido planejada. Com a definição da estratégia como padrão, você pôde acompanhar a descrição do processo completo que Mintzberg et al. (2007) percebem como o processo estratégico geral.

Você também pôde refletir sobre os exemplos apresentados, entre os quais o denominado por Mintzberg et al. (2007) de *síndrome do Egg McMuffin*, que denota muito bem como a relação entre os Ps pode ajudar a compreender os movimentos estratégicos das empresas em termos de diversificação de negócios, a qual pode ocorrer por perspectiva ou por posição.

5

A RELAÇÃO ENTRE OS Ps DA ESTRATÉGIA: CONSTRUÇÃO DE UMA VISÃO INTEGRADA

CONTEÚDOS DO CAPÍTULO:

- Visão integrada dos 5 Ps da estratégia.
- Aplicação dos 5 Ps na descrição da estratégia das empresas.
- Uso de ferramenta de mensuração da intensidade da presença dos Ps nas organizações.

APÓS O ESTUDO DESTE CAPÍTULO, VOCÊ SERÁ CAPAZ DE:

1. compreender como os 5 Ps podem se inter-relacionar, revelando a coerência e a consistência da presença da estratégia nas empresas;
2. identificar nos 5 Ps uma ferramenta de análise e descrição da estratégia das empresas;
3. aplicar uma ferramenta de mensuração da intensidade da presença de cada P na estratégia das empresas.

Mintzberg et al. (2007) esforçam-se para analisar as inter-relações que visualizaram, identificaram e descreveram entre os 5 Ps da estratégia. Nesse sentido, os autores afirmam: "estratégia como posição e perspectiva pode ser compatível com estratégia como plano e/ou padrão" (Mintzberg et al., 2007, p. 27). No livro *Safári de estratégia*, Mintzberg, Ahlstrand e Lampel (2000) acrescentam que, como posição, a estratégia olha para baixo – para o X que marca o ponto em que o produto encontra o cliente – e para fora – para o mercado (relação produto *versus* mercado), ou seja, olha para fora para definir o pico ou os picos na cordilheira de oportunidades em que pode vir a se posicionar para competir ou fugir da competição, quando se posicionar em picos ainda não explorados ou não ocupados (ver Figura 2.12).

Por sua vez, na visão como perspectiva, a estratégia olha para dentro – dentro da organização, dentro da cabeça dos estrategistas – e para cima – para uma grande visão da empresa (Mintzberg; Ahlstrand; Lampel, 2000), isto é, busca o autoconhecimento (o olhar para dentro) para em seguida definir com clareza o próprio papel no mundo, a direção que pretende seguir e o lugar a que pretende chegar.

Já a estratégia como plano olha para a frente, como um guia ou um curso para o futuro, mas por um caminho planejado, estudado, racional e definido intencionalmente. A estratégia como padrão é um olhar para trás, no sentido de aprender com o comportamento passado (Mintzberg; Ahlstrand; Lampel, 2000).

Mintzberg et al. (2007) afirmam que, na verdade, as relações entre essas diferentes definições podem ser mais complexas do que isso. Por exemplo, ao passo que alguns consideram que a perspectiva *é* um plano, outros a descrevem como *criadora* de planos (por exemplo, como posições e/ou padrões em algum tipo de hierarquia implícita). Porém, considerando-se o conceito de *estratégia emergente*, um padrão pode surgir e ser reconhecido, de forma a criar um plano formal, talvez dentro de uma perspectiva geral. Essa visão de Mintzberg et al. (2007), que procuram trazer outras interações entre os Ps, talvez mais complexas ou mais bem elaboradas, é acompanhada também de uma certa confusão, que é inerente à complexidade do tema.

No entanto, ao mesmo tempo, percebe-se que há uma possibilidade, sinalizada por Mintzberg et al. (2007), de que se estabeleça uma relação hierárquica entre os Ps, ou seja, de que haja uma sequência entre os Ps que seja lógica, coerente e obedeça a uma certa hierarquia. Foi essa hierarquia ou sequência lógica que orientou a estrutura deste livro.

No esforço de continuar estabelecendo as relações ou inter-relações entre os Ps, Mintzberg et al. (2007) refletem, em primeiro lugar, sobre como surge a perspectiva. Para os autores,

> Provavelmente [a perspectiva surge] por meio de experiências anteriores: a organização tentou várias coisas em seus anos iniciais e gradualmente consolidou uma perspectiva que funcionava. Em outras palavras, parece que as organizações desenvolvem "caráter", da mesma forma como as pessoas desenvolvem personalidade – interagindo com o mundo como o veem por meio do uso de suas habilidades inatas e inclinações naturais. Assim, o padrão também pode gerar a perspectiva. E a posição também pode. (Mintzberg et al., 2007, p. 27)

Nessa explicação de Mintzberg et al. (2007), continuamos a perceber o esforço empreendido para compreender as possíveis relações entre os Ps. Além de refletirem sobre a origem da estratégia como perspectiva, estabelecem que o padrão, assim como a posição, pode gerar a perspectiva.

Nós discordamos em parte dessa reflexão de Mintzberg et al. (2007), pois a dinâmica da estratégia como padrão é a de busca de reconhecimento e, uma vez reconhecido, normalmente, o padrão se incorpora ao plano. Por isso, há dificuldade de identificar pelas pesquisas nas empresas o processo da estratégia como padrão. O padrão está muito mais relacionado com o plano (por tudo que já foi comentado anteriormente), pois a estratégia é uma estratégia como padrão no momento em que ela é reconhecida e incorporada. Quando ela é reconhecida e abafada (interrompida), deixa de existir e passa a ser nada, muito menos uma estratégia.

Ainda sobre a perspectiva, Mintzberg et al. (2007, p. 28) afirmam:

> não importa como apareçam, há razões para acreditar que, enquanto planos e posições podem ser dispensáveis, as perspectivas são imutáveis (Brunsson, 1982). Em outras palavras, uma vez estabelecidas, as perspectivas podem ser difíceis de mudar. Na verdade, uma perspectiva pode se tornar tão profundamente arraigada no comportamento de uma organização que as crenças associadas podem se tornar subconscientes na cabeça de seus membros. Quando isso ocorre, a perspectiva pode passar a se parecer mais com um padrão do que com um plano – em outras palavras, pode se basear mais na consistência de comportamentos do que na articulação das intenções.

No entanto, há uma dificuldade nessa interpretação de Mintzberg et al. (2007), pois é real que, quando uma perspectiva está arraigada, o comportamento coletivo seja convergente na direção indicada pela perspectiva e que o comportamento de busca de oportunidades siga a mesma orientação. Entretanto, como foi discutido anteriormente, é impossível haver um processo estratégico 100% emergente (o que significaria a estratégia como padrão), visto que isso representaria o não controle. Ou seja, sempre haverá um determinado nível deliberado e, nesse sentido, sempre há a possibilidade de a estratégia como plano estar presente na organização.

A estratégia como posição, realmente, nem sempre está presente, mas entendemos que não é dispensável, pois uma organização busca a criação de valor em sua atividade junto ao cumprimento de sua perspectiva; essa criação de valor deve ser maximizada, o que é possível com base na identificação de uma posição que seja única e valiosa (Porter, 1999). Entretanto, as empresas que não adotam um posicionamento estratégico, e isso pode ocorrer em muitos casos, dificilmente conseguem alavancar seus resultados.

Por sua vez, a vantagem competitiva almejada pelas organizações, objetivo de uma estratégia como posição, precisa ser fundamentada em fontes, seja pela liderança em custos, seja pela diferenciação, que sejam exploradas por um plano que dê suporte adequado às atividades que geram as fontes de vantagem, que, por sua vez, dão suporte ao posicionamento. É por tudo isso que, numa dimensão do ideal, uma empresa deve construir a própria perspectiva e definir um posicionamento que seja suportado por um plano coerente e consistente.

Quando necessário, o pretexto pode ser utilizado, desde que seja para reforçar o plano e esteja alinhado à perspectiva, para não causar dissonância cognitiva interna e externa em relação aos valores e às crenças da organização.

Com base nessa visão, a estratégia como padrão corresponderia aos processos emergentes, decorrentes da persistência no comportamento, de um fluxo de ações persistentes ao longo do passado e existentes no presente da organização, mas que, ao serem reconhecidos, podem ser incorporados ao plano ou não, mediante a análise de seu alinhamento com o plano, com a posição e com a perspectiva da organização. Podem até mesmo substituir ações ou atividades que faziam parte do plano inicial, transformando-se no que Mintzberg et al. (2007) denominam de *estratégia não realizada*.

Essa descrição da relação entre os Ps passa de uma visão descritiva para uma visão prescritiva de como eles devem estar presentes na organização e de como devem ser articulados.

Mintzberg et al. (2007, p. 28) admitem essa possibilidade de interação que prescrevemos acima ao afirmarem que "evidentemente, se a perspectiva é imutável, então uma mudança em plano e posição dentro da perspectiva é fácil se comparada a uma mudança de perspectiva".

Nesse aspecto, Mintzberg et al. (2007) destacam o caso do Egg McMuffin, descrito e comentado no Capítulo 4 (Seção 4.1), quando tratamos da mudança de posição e de perspectiva. No caso apresentado, Mintzberg, Ahlstrand e Lampel (2000) reforçam que essa questão depende simplesmente de como se define *estratégia*. A posição pode ser alterada, e a perspectiva pode permanecer a mesma. É por essa razão que encontramos no mercado empresas que têm a mesma perspectiva, mas cujos posicionamentos são diferentes ou empresas diversificadas com uma perspectiva e unidades de negócio com posicionamentos distintos, como no caso do Grupo Boticário na atualidade (ver Figura 4.7). Mintzberg et al. (2007, p. 28) afirmam que "na verdade – e este é o ponto – a posição poderia ser facilmente alterada porque é compatível com a perspectiva existente".

5.1 OS 5 Ps: POR UMA NOVA ANÁLISE ESTRATÉGICA QUE NÃO SE ESGOTE

A visão que planteamos da inter-relação entre os 5 Ps aqui é uma visão mais voltada a uma dimensão prescritiva, embora fundamentada nos anos de pesquisa sobre o processo estratégico de grandes, médias e pequenas empresas, assim como na atuação em consultorias de planejamento estratégico (ver Figura 5.1).

A sequência que estabelece relações que vão do P de maior abrangência para o P de menor abrangência, ou do P de maior amplitude para o P de menor amplitude, apresentada ao longo do livro, é a seguinte: perspectiva, posição, plano, pretexto e padrão.

A Figura 5.1, no caso, ilustra o modelo mental que criamos ao relacionarmos a presença de cada um dos Ps na organização, mostrando, além da sequência que é diferente da apresentada por Mintzberg et al. (2007), a interação coerente que pode existir entre eles e que facilita a implementação da estratégia na organização. A estratégia como perspectiva é a que apresenta maior amplitude, pois define a razão de ser de toda a organização, deixando claro o verdadeiro negócio a ser implementado. A perspectiva é explicitada principalmente, mas não somente, pela missão da empresa. Na sequência, então, vem o P da estratégia como posição, que também apresenta grande amplitude, uma vez que orienta toda a organização a reconhecer a relação produto *versus* mercado definida pela empresa, a qual deve ser perseguida ou apoiada por todos. O terceiro P, por sua vez, é o do plano, um processo consciente e intencional estabelecido pela empresa com a finalidade de dar suporte ao posicionamento determinado e de desdobrar-se até o nível operacional, definindo as ações nos níveis tático e operacional. Às vezes, quando há necessidade ou oportunidade, a organização elabora pretextos – as manobras do quarto P – para se antecipar aos concorrentes e melhorar a eficácia. O quinto P, que finaliza o conjunto, é o da estratégia como padrão, representado por ações que, embora não planejadas conscientemente por parte da empresa, são percebidas como ações realizadas pela persistência de comportamento (e, por serem reconhecidas como tal, contribuem positivamente para a estratégia, visto que são incorporadas como ações que emergem na organização).

Essa forma de pensar e perceber o processo estratégico nas organizações acabou se traduzindo num instrumento de análise e descrição da estratégia empresarial, que exemplificamos na Figura 5.2 e apresentamos de maneira mais sistematizada no Quadro 5.1 e na Figura 5.3.

O Quadro 5.1, vale dizer, apresenta as perguntas que entendemos necessárias para conduzir a reflexão exploratória da presença de cada um dos Ps na organização que estiver sendo analisada. A Figura 5.3 (mais à frente) apresenta uma ferramenta de mensuração da intensidade da presença de cada um dos Ps, levando-se em consideração a percepção dos gestores.

FIGURA 5.1 – INTERAÇÃO DOS 5 Ps DA ESTRATÉGIA

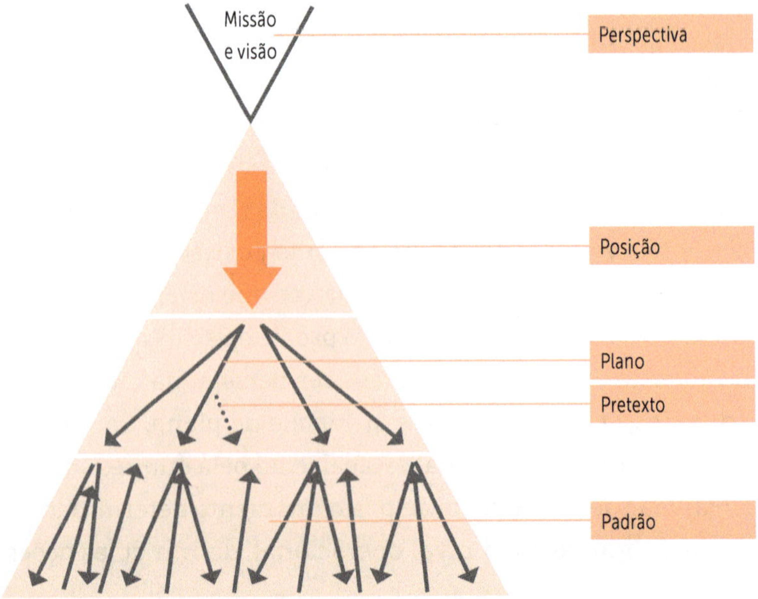

A Figura 5.2 apresenta um exemplo didático, porém baseado em discussões de gestores em cursos *in company* e cursos de pós-graduação que validaram em diversas oportunidades as interpretações realizadas. No entanto, é importante deixar claro que o caso ilustrado não foi ainda objeto de pesquisa científica; trata-se justamente do caso do McDonald's para reforçar e complementar o exemplo utilizado por Mintzberg, Ahlstrand e Lampel (2000) e Mintzberg et al. (2007).

FIGURA 5.2 – EXEMPLO DE LEITURA RESUMIDA DOS 5 Ps DA ESTRATÉGIA NO CASO McDONALD'S

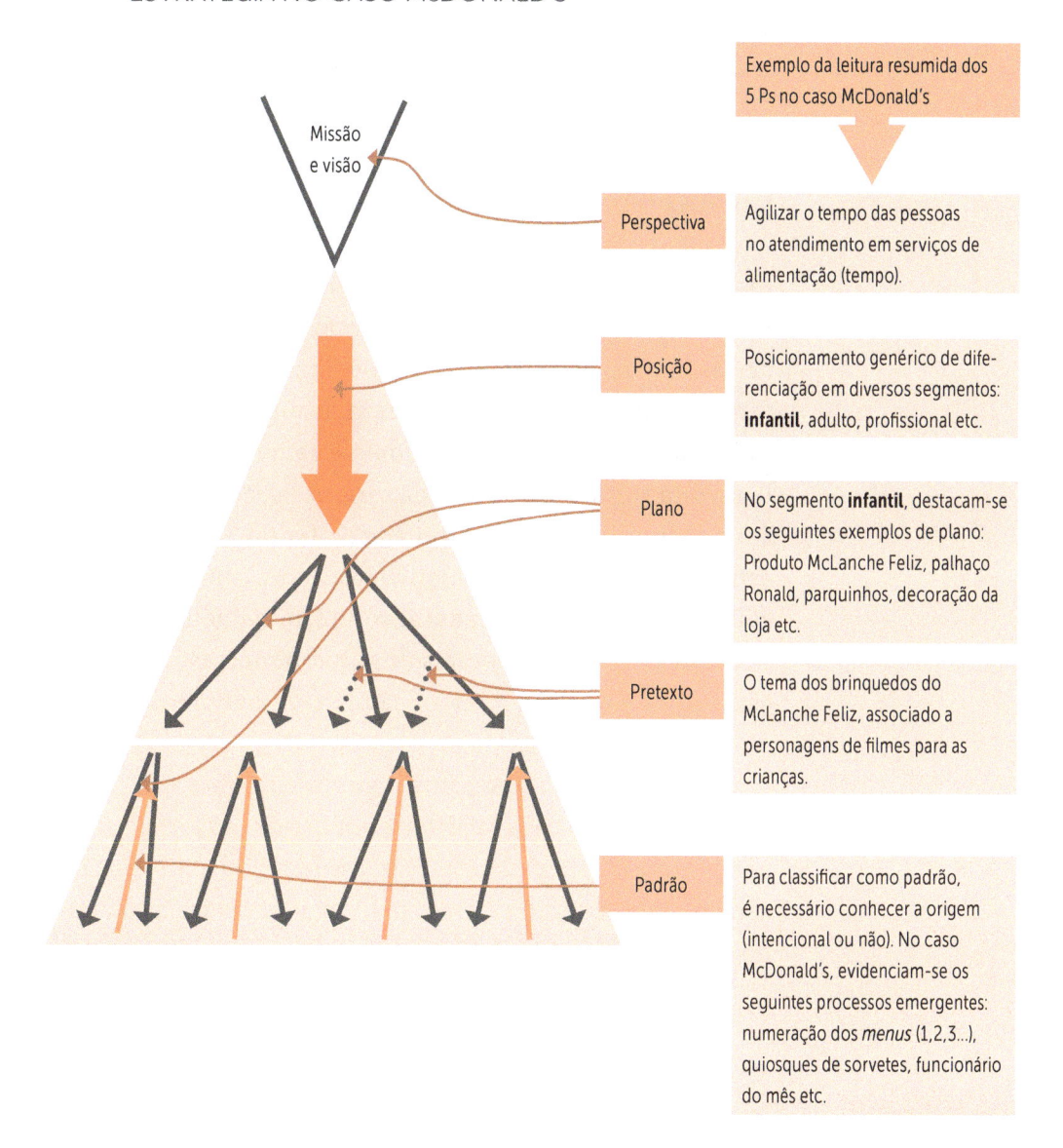

Exemplo da leitura resumida dos 5 Ps no caso McDonald's

- **Perspectiva**: Agilizar o tempo das pessoas no atendimento em serviços de alimentação (tempo).
- **Posição**: Posicionamento genérico de diferenciação em diversos segmentos: **infantil**, adulto, profissional etc.
- **Plano**: No segmento **infantil**, destacam-se os seguintes exemplos de plano: Produto McLanche Feliz, palhaço Ronald, parquinhos, decoração da loja etc.
- **Pretexto**: O tema dos brinquedos do McLanche Feliz, associado a personagens de filmes para as crianças.
- **Padrão**: Para classificar como padrão, é necessário conhecer a origem (intencional ou não). No caso McDonald's, evidenciam-se os seguintes processos emergentes: numeração dos *menus* (1,2,3...), quiosques de sorvetes, funcionário do mês etc.

Missão e visão

A dinâmica do processo estratégico numa organização apresenta alta complexidade, pois envolve dimensões e práticas diversas, que se relacionam, se complementam e se chocam. Capturar esses processos, explicá-los e interferir neles não é uma tarefa simples ou fácil. Henry Mintzberg, com a leitura dos 5 Ps, em sua forma original, implementou um significativo esforço de produzir a uma descrição dessa dinâmica complexa que representa a estratégia empresarial. Ele foi criticado por muitos que consideraram os 5 Ps muito confusos. Contudo, consideramos que a contribuição de Mintzberg et al. (2007) facilitou a compreensão do fenômeno da estratégia, apesar de não esgotar o assunto nem eliminar o desafio do aprofundamento da compreensão do fenômeno da estratégia. Nossa releitura dos 5 Ps da estratégia não está fundada na pretensão de significar um avanço, mas sim uma forma diferente de utilizar as mesmas lentes empregadas por Mintzberg.

Todo modelo é uma tentativa de explicar a realidade, mas, sem dúvida, também é uma simplificação da mesma realidade. Nossa forma de interpretar os 5 Ps da estratégia de Mintzberg se caracteriza pela utilização de um olhar diferente. Apesar de as lentes serem as mesmas, temos certamente diferentes graus de miopia e astigmatismo. O modelo resultante da sequência e da interpretação que sugerimos é uma simplificação da realidade do fenômeno do processo estratégico, tendo como objetivo facilitar a compreensão inicial do processo, sem dispensar o aprofundamento contínuo necessário para quem deseja dominar o processo de análise estratégica e de uma intervenção eficaz no processo estratégico das organizações.

O Quadro 5.1 apresenta algumas questões que podem ser consideradas para facilitar a análise de cada um dos 5 Ps, assim como identifica os temas, assuntos ou conceitos que serviram de estrutura para este livro, vinculados a cada um dos Ps, segundo nossa interpretação.

QUADRO 5.1 – FERRAMENTA DE ANÁLISE DOS 5 Ps – ABORDAGEM QUALITATIVA

POSSIBILIDADES DA ESTRATÉGIA – Os 5 Ps (Henry Mintzberg)	O QUE É E COMO ANALISAR	TEMAS, CONCEITOS E TEORIAS RELACIONADOS
Perspectiva	Definição da razão de ser da empresa, a real necessidade que satisfazemos na sociedade. Expressa ou explicitada pelas declarações de missão, visão, valores, princípios e credos. Deve ser avaliada com o auxílio das seguintes questões: • Quais são a missão e a visão da minha instituição? • Quais são os valores e os princípios declarados? • Qual é o nível de conhecimento e compreensão da missão, da visão, dos valores e dos princípios organizacionais? • Quais são os principais obstáculos para a sua disseminação e conscientização em toda a instituição?	Missão Visão Valores Propósito Crenças
Posição	É o estabelecimento da relação produto *versus* mercado, ou seja, a definição de qual é o real motivo da escolha dos clientes pelos serviços ou produtos oferecidos pela empresa. Algumas questões que auxiliam na análise são as seguintes: • Qual é o motivo predominante da escolha dos clientes pela minha empresa em detrimento de outras? • Quais são meus diferenciais? • Quais são as características predominantes dos meus clientes? • Qual é o valor desejado pelos meus clientes em relação aos produtos/serviços? • Qual é o valor percebido pelos meus clientes em relação aos meus produtos/serviços?	Avaliação da estrutura ambiental Análise do macroambiente Análise da indústria (setor) Grupos estratégicos Dimensões estratégicas Modelo das cinco forças (setor) Fatores determinantes da rentabilidade do setor Fatores-chave de sucesso do setor
Plano	É o conjunto de objetivos, metas, políticas, ações, projetos etc. desenvolvidos de maneira alinhada com o posicionamento estratégico definido. As questões úteis para facilitar a análise são as seguintes: • Os planos realizados são coerentes com a posição explicitada pela instituição? • Há alinhamento entre os níveis organizacionais com relação às metas e ações definidas?	Cadeia de valor Recursos Capacidades Competências Fator-chave de sucesso da empresa Planejamento estratégico Balanced Scorecard Controle estratégico Controle de gestão

(continua)

(Quadro 5.1 – conclusão)

POSSIBILIDADES DA ESTRATÉGIA – Os 5 Ps (Henry Mintzberg)	O QUE É E COMO ANALISAR	TEMAS, CONCEITOS E TEORIAS RELACIONADOS
Pretexto	São manobras ou movimentos rápidos, que muitas vezes são realizados para melhorar um resultado esperado, superar a concorrência ou absorver um recurso raro no ambiente. As questões são as seguintes: • A instituição realizou alguma manobra com a finalidade de antecipar-se à concorrência? • As manobras realizadas são coerentes com o posicionamento estratégico?	Manobras Ajustes ao mercado Competição Conflitos
Padrão	São ações estratégicas que se originaram de ações não planejadas. São fruto da iniciativa, da criatividade e da persistência de algumas áreas ou colaboradores. As questões são as seguintes: • Há ações que foram executadas, mas não eram previstas no planejamento? • Essas ações, ao serem identificadas, foram incorporadas ao planejamento da instituição?	Estratégias deliberadas Estratégias emergentes *Continuum* do processo estratégico

Com a intenção de dinamizar a análise dos 5 Ps, propomos, a título de exercício de análise, a mensuração da percepção dos gestores quanto ao nível de intensidade da presença dos Ps numa organização. O Quadro 5.2, a exemplo da ferramenta de mensuração das cinco forças competitivas do professor Michael Porter (ver Figura 2.6 e ver Quadro 2.10), visa facilitar a mensuração dos 5 Ps.

QUADRO 5.2 – FERRAMENTA DE ANÁLISE INICIAL DA INTENSIDADE DOS 5 Ps DA ESTRATÉGIA

DT				CT
1	2	3	4	5

Variação de (1) "discordo totalmente" até (5) "concordo totalmente"

(continua)

(Quadro 5.2 – continuação)

PERSPECTIVA	Digite de 1 a 5 abaixo:
A razão de ser da organização é compreendida de maneira clara por seus gestores.	
Os gestores da organização compreendem de maneira clara qual é a real necessidade satisfeita pela empresa na sociedade.	
O propósito definido pela empresa inspira a todos na formulação das ações estratégicas.	
A organização possui valores compartilhados por todos os gestores de todos os níveis.	
Os valores compartilhados orientam as decisões tomadas pelos gestores.	
A missão e a visão da organização são compreendidas por todos os funcionários da organização.	
Os princípios da organização são compreendidos e cumpridos por todos os funcionários da organização.	
A busca por oportunidades pelos gestores leva em consideração a missão, os valores e os princípios da organização.	
POSIÇÃO	
A organização apresenta uma relação produto *versus* mercado que está clara para todos os gestores.	
Os gestores da organização compreendem claramente os diferenciais da empresa no mercado em que atua.	
O público-alvo da organização percebe os diferenciais oferecidos pela empresa.	
A proposta de valor da organização está bem definida e é bem compreendida por todos os gestores.	
A organização compreende as características mais importantes do público-alvo.	
O valor percebido pelos clientes da empresa é conhecido por seus gestores.	
Os gestores compreendem de maneira clara o grupo estratégico dentro do qual a empresa compete.	
PLANO	
O posicionamento estratégico da organização é suportado por um conjunto coerente de atividades internas definidas conscientemente pelos gestores.	
As atividades internas que dão suporte ao posicionamento estratégico da empresa estão coerentemente compatibilizadas.	
Os objetivos estão desdobrados coerentemente em metas.	
As metas estão suportadas por planos de ação coerentes e suficientes para garantir sua própria consecução.	
Os planos de ação são acompanhados por indicadores que revelam o desempenho alcançado.	
Há alinhamento entre planos de cada área funcional com a estratégia da organização como um todo.	
Os planos são ajustados quando há a necessidade de responder adequadamente às mudanças externas.	
Os resultados são mensurados adequadamente por meio de indicadores.	
PRETEXTO	
A organização realiza manobras, antecipando-se aos concorrentes, sempre que há oportunidade ou necessidade desses movimentos.	
As manobras e/ou estratagemas realizados pela empresa são planejados de maneira antecipada e consciente por parte dela.	
As manobras ajudam a reforçar os planos de ação e a atingir as metas planejadas pela empresa.	
As manobras são coerentes com o planejamento estratégico da organização.	
As manobras realizadas ajudaram a melhorar os resultados da organização.	

(continua)

(Quadro 5.2 – conclusão)

PADRÃO	
Há na organização ações que são realizadas ao longo do tempo e que não foram previstas ou planejadas formalmente pela empresa.	
Os funcionários da organização têm espaço para serem criativos e desenvolverem ações não planejadas.	
Há estratégias que são resultantes de ações que surgiram por insistência de funcionários da empresa.	
Ações não planejadas foram reconhecidas pela gestão e formalizadas, gerando aprendizado organizacional.	
Os funcionários são incentivados a apresentar sugestões para resolver os problemas da empresa.	

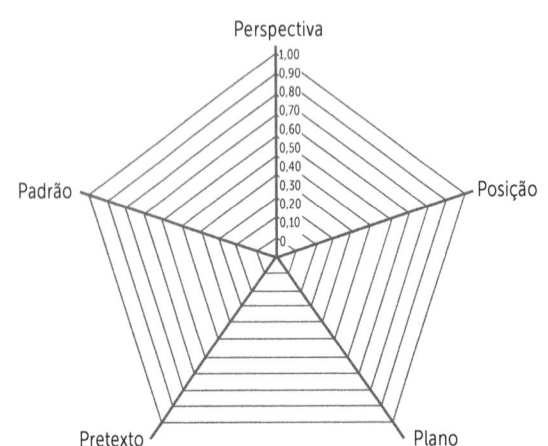

Análise dos 5 Ps

Nível de presença dos 5 Ps (N5P)			#DIV/0!
N5P	ALTA	N5P >= 4	
	MÉDIA	3 < N5P < 4	
	BAIXA	N5P <= 3	

Observe que o Quadro 5.2 apresenta a planilha composta por indicadores dos 5 Ps descritos por Mintzberg et al. (2007), segundo os quais cada um dos Ps é uma possibilidade de percebermos como se configura a estratégia nas organizações. Nessa planilha, no entanto, os Ps estão adaptados conforme a nossa interpretação, tendo sido realizada com fundamentação em pesquisas.

O número deve ser colocado na coluna à direita de acordo com o grau de concordância em relação a cada uma das afirmações. Nossa sugestão é que se crie um gráfico vinculado à planilha, o qual exiba automaticamente (quando no Excel) quais dos Ps são mais intensos na empresa analisada. Essas informações têm como objetivo apenas dar início à análise estratégica da empresa. Muitas outras ferramentas de análise foram apresentadas nos capítulos anteriores, todas as quais são complementares entre si ou possibilitam o aprofundamento da compreensão acerca de cada uma das dimensões que os 5 Ps representam. Além das ferramentas ilustradas, existem muitas outras que, se aplicadas adequadamente, podem auxiliar muito no entendimento da estratégia empresarial. De todo modo, é importante lembrar que as ferramentas são neutras e que a qualidade do resultado oferecido sempre vai depender da maneira como são utilizadas.

E, como afirmamos anteriormente, esse esforço é apenas um pontapé inicial para a compreensão do fenômeno da estratégia. Esperamos que essa forma de perceber e relacionar os 5 Ps da estratégia seja uma contribuição valiosa a todos que desejam um bom começo na descrição da estratégia de uma organização.

SÍNTESE

Neste capítulo, depois de conhecer como se configuram todos os Ps da estratégia e os temas relacionados a cada um deles, você pôde ver de que forma a interação entre eles – numa sequência lógica e coerente (perspectiva, posição, plano, pretexto e padrão) – pode produzir um efeito sinérgico, fortalecendo o impacto da estratégia na organização.

Também lhe apresentamos uma sugestão de questionamentos que podem facilitar a identificação da presença de cada um dos Ps na organização, bem como uma ferramenta que, se utilizada corretamente, pode mensurar a intensidade de cada um deles. Esse diagnóstico da intensidade dos Ps pode ser muito útil para a identificação de qual (ou de quais) deles precisam ser trabalhados para melhorar a presença e o impacto que têm na organização.

PARA CONCLUIR...

A releitura que fizemos aqui dos modelos dos 5 Ps da estratégia de Mintzberg et al. (2007) possibilitou a identificação de um *framework* teórico que mostra como o processo estratégico ocorre nas organizações, o qual pode assumir uma dimensão mais deliberada ou uma dimensão dinâmica mais emergente, a depender das interações propiciadas. Vários fatores ou características das empresas podem explicar a razão pela qual se estabelece o predomínio de um processo mais deliberado ou de um processo mais emergente.

Ao longo deste livro, estruturado conforme a sequência lógica dos Ps adotada em nossa nova abordagem, foi possível ressaltar e aprofundar alguns dos temas que, embora estejam presentes na literatura sobre estratégia, conectam-se com o papel que cada um dos Ps desempenha nas organizações.

Na estratégia como perspectiva, destaca-se a definição do propósito da organização. Isso é fundamental para que as empresas possam não apenas definir claramente o sentido da própria existência, mas também entender como essa definição pode engajar, orientar, motivar e direcionar o comportamento das pessoas na organização.

A estratégia como posição também se conecta com diversos temas recorrentes na literatura da área, como a interação da organização com o ambiente externo. Independentemente de a interação ser com o macroambiente ou com o microambiente, o essencial é que a empresa consiga estabelecer um posicionamento que estabeleça uma clara relação produto *versus* mercado. A análise profunda da indústria deve ser um pré-requisito para que qualquer empresa possa definir o próprio posicionamento, uma vez que permite perceber o comportamento das forças competitivas e a melhor forma de se relacionar com essas forças a fim de moldá-las a favor da organização.

Todo posicionamento demanda, por sua vez, a elaboração de um plano, que é a definição consciente do caminho a ser seguido para dar suporte suficiente e necessário para alcançar o êxito da posição escolhida. O êxito mais almejado por uma empresa com base em seu posicionamento é a maximização da criação de valor. O plano tem a função de garantir que a maximização do valor criado seja alcançada. O pretexto, o quarto dos Ps aqui trabalhados, será sempre pleiteado para aproveitar de maneira rápida as oportunidades de ampliação dos resultados necessários para o sucesso da organização. Convém observar que os pretextos devem ser implementados levando-se sempre em consideração a capacidade de reação dos concorrentes.

A estratégia como padrão, por seu turno, possibilita que se compreendam a origem e as implicações do fenômeno do processo emergente para o desenvolvimento estratégico de qualquer empresa. Esse processo emergente deve ser avaliado com muita atenção e cuidado, pois nem tudo o que surge sem intencionalidade por parte da empresa é necessariamente positivo ou deve ser reconhecido. No entanto, há uma série de ações emergentes que podem dar uma contribuição muito útil e importante para o êxito das estratégias das empresas.

A visão e a compreensão dos 5 Ps na sequência que propusemos aqui facilitam a identificação das interações que favorecem a condução da organização para a maximização do valor criado. Além disso, a discussão realizada tem o objetivo maior de chamar a atenção para o uso dos 5 Ps como facilitadores da leitura e da descrição da estratégia de qualquer empresa, assumindo o papel prescritivo de ferramenta de diagnóstico, capaz de revelar as dificuldades a serem tratadas para aumentar a eficácia organizacional.

REFERÊNCIAS

ABELL, D. F. **Defining the Business**: the Starting Point of Strategic Planning. Englewood Cliff: Prentice Hall, 1980.

ALCHIAN. A.; DEMSETZ, H. Production, Information Costs and Economic Organization. **American Economic Review**, v. 62, n. 5, p. 777-795, 1972.

ALRAWASHDEH, R. The Competitiveness of Jordan Phosphate Mines Company (JPMC) Using Porter Five Forces Analysis. **International Journal of Economics and Finance**, v. 5, n. 1, p. 191-200, 2012.

ANDREWS, K. R. **O conceito de estratégia corporativa**. Homewood: Richard D. Irwin, 1971.

_____. **El concepto de estrategia de la empresa**. Pamplona: Ed. da Universidad de Navarra, 1977.

ANSOFF, H. I. **A nova estratégia empresarial**. São Paulo: Atlas, 1991.

_____. **Administração estratégica**. São Paulo: Atlas, 1983.

_____. **Estratégia corporativa**. New York: McGraw Hill, 1965.

_____. **Estratégia empresarial**. São Paulo: McGraw Hill, 1977.

_____. **Gestão estratégica**. New York: Palgrave Macmillan, 1979.

_____. The Concept of Strategic Management. **Journal of Business Policy**, v. 2, n. 4, 1972.

ANSOFF, H. I.; MCDONNELL, E. J. **Implantando a administração estratégica**. 2. ed. São Paulo: Atlas, 1992.

ASTLEY, W. G.; FOMBRUN, C. J. Collective Strategy: Social Ecology of Organizational Environments. **Academy of Management Review**, v. 8, n. 4, p. 576-587, 1983.

BARNEY, J. Firm Resources and Sustained Competitive Advantage. **Journal of Management**, v. 17, p. 99-120, 1991.

BARNEY, J. B.; HESTERLY, W. S. **Administração estratégica e vantagem competitiva**. São Paulo: Pearson Prentice Hall, 2008.

BESANKO, D. et al. **A economia da estratégia**. 5. ed. Porto Alegre: Bookman, 2012.

BOWMAN, E. H. Epistemology, Corporate Strategy, and Academe. **Sloan Management Review**, v. 15, n. 2, p. 35-50, 1974.

BRUNSSON, N. The Irrationality of Action and Action Rationality: Decisions, Ideologies and Organizational Actions. **Journal of Management Studies**, v. 19, n. 1, p. 29-44, Jan. 1982.

BUZZELL, R. D.; GALE, B. T. **The PIMS Principles**: Linking Strategy to Performance. New York: Free Press, 1987.

CHANDLER, A. D. **Strategy and Structure**: Chapters in the History of the American Industrial Enterprise. Cambridge: MIT Press, 1962.

COLLINS, J. C.; PORRAS, J. I. **Feitas para durar**: práticas bem-sucedidas de empresas visionárias. São Paulo: Rocco, 1995.

COOL, K.; DIERICKX, I. Rivalry, Strategic Groups and Firm Profitability. **Strategic Management Journal**, v. 14, n. 1, p. 47-59, Jan. 1993.

COOL, K.; SCHENDEL, D. Strategic Group Formation and Performance: the Case of the US Pharmaceutical Industry, 1963-1982. **Management Science**, v. 33, n. 9, p. 1102-1124, Sept. 1987.

DRUCKER, P. F. **Management**: Tasks, Responsibilities, Practices. New York: Harper & Row, 1974.

_____. The Network Society. **Wall Street Journal**, v. 12, Mar. 1995.

EVERED, R. So What Is Strategy? **Long Range Planning**, v. 16, n. 3, p. 57-72, 1983.

FRITZ, R. **The Path of Least Resistance**. New York: Ballantine, 1989.

GAVETTI, G. A nova psicologia da liderança estratégica. **Harvard Business Review**, v. 89, n. 7-8, p. 118-125, jul. 2011.

GHEMAWAT, P. **Commitment**: the Dynamic of Strategy. New York: The Free Press, 1991.

GIMBERT, X. **El enfoque estratégico de la empresa**: principios y esquemas básicos. Bilbao: Deusto, 2010.

GLUECK, W. F. **Business Policy and Strategic Management**. New York: McGraw-Hill, c1980.

GRANT, R. **Dirección estratégica**: conceptos, técnicas y aplicaciones. 5. ed. Madrid: Civitas, 2006.

HAMEL, G.; PRAHALAD, C. K. Capabilities-Based Competition. **Harvard Business Review**, v. 70, n. 3, p. 164-167, May/June 1992.

_____. Competing for the Future. **Harvard Business Review**, Boston, 1994.

_____. The Core Competence of the Corporation. **Harvard Business Review**, p. 79-91, May/June 1990.

HARTMANN, F. H. **The Relations of Nations**. 6. ed. New York: Macmillan, 1983.

HITT, M. A.; IRELAND, R. D.; HOSKISSON, R. E. **Administração estratégica**: competitividade e globalização – conceitos. São Paulo: Cengage, 2018.

HOFER, C. W.; SCHENDEL, D. **Strategy Formulation**: Analytical Concepts. St. Paul: West Publishing Company, 1978.

IPINZA, F. A. D. **El proceso estratégico**: un enfoque de gerencia. 2. ed. Lima: Pearson, 2013.

JONES, G. R. **Teoría organizacional**: diseño y cambio en las organizaciones. 5. ed. México: Pearson Educación, 2008.

JOHNSON, G.; SCHOLES, K. **Dirección estratégica**: análisis de la estratégia de las organizaciones. 3. ed. Madrid: Prentice Hall, 1997

KAPLAN, R. S. **Measures for Manufacturing Excellence**. Boston: Harvard Business School Press, 1990.

KAPLAN, R. S.; NORTON, D. P. **The Balanced Scorecard**: Translating Strategy into Action. Boston: Harvard Business School Press, 1997.

_____. **The Strategy-Focused Organization**: How Balanced Scorecard Companies Thrive in the New Business Environment. Boston: Harvard Business School, 2001.

LEVITT, T. Marketing Myopia. **Harvard Business Review**, v. 38, n. 4, p. 45-56, July/Aug. 1960.

MAGRETTA, J. **Entendendo Michael Porter**: o guia essencial da competição e estratégia. São Paulo: HSM, 2012.

MINTZBERG, H. **Ascensão e queda do planejamento estratégico**. Tradução de Maria Adelaide Carpigiani. Porto Alegre: Bookman, 2004.

_____. Crafting Strategy. **Harvard Business Review**, p. 66-75, July/Aug. 1987b.

_____. **Criando organizações eficazes**: estruturas em cinco configurações. Tradução de Cyro Bernardes. São Paulo: Atlas, 1995.

_____. Generic Strategies: Toward a Comprehensive Framework. In: LAMB, R.; SHRIVASTAVA, P. (Ed.). **Advances in Strategic Management**. Greenwich: JAI Press, 1988. p. 1-67. v. 5.

_____. **Mintzberg on Management**: Inside our Strange World of Organization. New York: The Free Press, 1989.

_____. **Mintzberg y la dirección**. Madrid: Díaz de Santos, 1991.

_____. Patterns in Strategy Formation. **Management Science**, v. 24, n. 9, p. 934-948, May 1978.

_____. **Power in and Around Organizations**. Englewood Cliff: Prentice Hall, 1983.

_____. **The Nature of Managerial Work**. Englewood Cliffs: Prentice-Hall, 1973.

_____. **The Rise and Fall of Strategic Planning**. London: Prentice Hall, 1994.

_____. The Strategy Concept I: Five P's for Strategy. **California Management Review**, v. 30, p. 11-24, 1987a.

MINTZBERG, H.; AHLSTRAND, B.; LAMPEL, J. **Safári de estratégia**: um roteiro pela selva do planejamento estratégico. Porto Alegre: Bookman, 2000.

MINTZBERG, H. et al. **O processo da estratégia**: conceitos, contextos e casos selecionados. 4 ed. Tradução de Luciana de Oliveira da Rocha. Porto Alegre: Artmed, 2007.

MINTZBERG, H.; WATERS, J. A. Of Strategies, Deliberate and Emergent. In: MCKIERNAN, P. (Ed.). **Historical Evolution of Strategic Management**. Brookfield: Darmouth Publishing Company, 1996. p. 413-428. v. II.

MINTZBERG, H.; WATERS, J. A. Of Strategies, Deliberate and Emergent. **Strategic Management Journal**, v. 6, p. 257-272, 1985.

_____. Tracking Strategy in an Entrepreneurial Firm. **Academy of Management Journal**, v. 25, p. 465-499, 1982.

MONTGOMERY, C. A. **O estrategista**. Rio de Janeiro: Sextante, 2012.

NELSON, R. R.; WINTER, S. G. **An Evolutionary Theory of Economic Change**. Cambridge: Belknap, 1982.

NONAKA, I. Creating Organizational Order out of Chaos: Self-Renewal in Japanese Firms. **California Management Review**, Berkeley, v. 30, n. 3, p. 57-73, 1988.

_____. The Knowledge-Creating Company. **Harvard Business Review**, v. 69, p. 96-104, 1991.

PARKIN, M. **Economia**. 6. ed. México: Pearson Educación, 2006.

PORTER, M. E. **A vantagem competitiva das nações**. Rio de Janeiro: Campus, 1993.

_____. **Competitive Advantage**: Creating and Sustaining Superior Performance. New York: The Free Press, 1985a.

_____. **Competitive Strategy**: Techniques for Analyzing Industries and Competitors. New York: The Free Press, 1980.

_____. **Estratégia competitiva**: técnicas para análise de indústrias e da concorrência. Rio de Janeiro: Campus, 1986.

_____. From Competitive Advantage to Corporate Strategy. **Harvard Business Review**, p. 43-59, May/June 1987.

_____. MOC Workshop Framework Overview. 2016. Material de aula (slides).

_____. O que é estratégia? In: _____. **Competição** = on Competition: estratégias competitivas essenciais. Rio de Janeiro: Campus, 1999. p. 46-82.

PORTER, M. E. Towards a Dynamic Theory of Strategy. **Strategic Management Journal**, v. 12, p. 95-117, 1991.

_____. **Vantagem competitiva**: criando e sustentando um desempenho superior. Tradução de Elizabeth Maria de Pinho Braga. Rio de Janeiro: Elsevier, 1989.

RUMELT, R. P. Diversification Strategy and Profitability. **Strategic Management Journal**, v. 3, n. 4, p. 359-370, Oct./Dec. 1982.

SCHELLING, T. C. **The Strategy of Conflict**. Cambridge: Harvard University Press, 1980.

SELZNICK, P. **Leadership in Administration**: a Sociological Interpretation. New York: Harper & Row, 1957.

SENGE, P. M. **The Fifth Discipline**: the Art and Practice of the Learning Organization. New York: Doubleday, 1990.

SENGE, P. M. et al. The Leader's New Work: Building Learning Organizations. **Sloan Management Review**, v. 32, n. 1, p. 7-23, 1994.

SERRA, F. A. R.; TORRES, M. C. S.; TORRES, A. P. **Administração estratégica**: conceitos, roteiro prático e casos. Rio de Janeiro: Reichmann & Affonso Editores, 2004.

SIMONS, R. Control in an Age of Empowerment. **Harvard Business Review**, p. 80-88, Mar./Apr. 1995a.

_____. How Risky Is Your Company? **Harvard Business Review**, v. 98, p. 85-94, May/June. 1999.

_____. **Levers of Control**: How Managers Use Innovative Control Systems to Drive Strategic Renewal. Boston: Harvard Business School Press, 1995b.

_____. **Performance Measurement & Control Systems for Implementing Strategy**: Text & Cases. New Jersey: Prentice Hall, 2000.

SIMONS, R.; DAVILA, A. How High is Your Return on Management? **Harvard Business Review**, n. 1, p. 70-80, Jan./Feb. 1998.

SMITH, K.; GRIMA, C.; WALLY, S. Strategic Groups and Rivalrous Firm Behavior: Towards a Reconciliation. **Strategic Management Journal**, v. 18, p. 149-157, 1997.

THOMPSON, J. D. **Organizations in Action**: Social Science Bases of Administrative Theory. New York: McGraw-Hill, 1967.

TREGOE, B.; ZIMMERMAN, I. **Top Management Strategy**. New York: Simon, 1980.

VON CLAUSEWITZ, C. **On War**. Princeton: Princeton University Press, 1976.

Os papéis utilizados neste livro, certificados por instituições ambientais competentes, são recicláveis, provenientes de fontes renováveis e, portanto, um meio **respons**ável e natural de informação e conhecimento.

Impressão: **Reproset**
Setembro/2019